不一樣的中國史 13

楊照——著

從變法到革命，顛覆帝制的時代

晚清

|序|

中國史是臺灣史的重要部分

歷史知識建立在兩項基本信念上，第一是相信人類的事物都是有來歷的，沒有什麼是天上掉下來或奇蹟所創造的；第二則是相信弄清楚事物的來歷很重要，大有助於我們分析理解現實，看清楚現實的種種糾結，進而對於未來變化能夠有所掌握，做出智慧、準確的決定。

歷史教育要有意義、有效果，必須回歸到這兩種信念來予以檢驗，看看是否能讓孩子體會、掌握歷史知識的作用。

不管當下現實的政治態度是什麼，站在歷史知識的立場上，沒有人能否認臺灣是有來歷的，不可能是開天闢地就存在，也不可能是什麼神力所創造的。因而歷史教育最根本該教的，就是「臺灣怎麼來的」。

要回答「臺灣怎麼來的」，必定預設了臺灣有其特殊性，和其他地方、其他國家不一樣，所以才需要從時間上溯源去找出之所以不一樣的理由。臺灣為什麼會有不一樣的文化？為什麼會有不一樣的社會？為什麼會有這樣的政治制度與政治狀態？為什麼會和其他國家產生不同的關係？……

所謂以臺灣為本位的歷史教育，就是認真地、好好地回答這幾個彼此交錯纏結的大問題。那麼歷史教育的內容好不好，也就可以明確地用是否能引導孩子思考、解答這些問題來評斷了。

過去將臺灣歷史放在中國歷史裡，作為中國歷史一部分的結構，從這個標準上看，有著明白而嚴重的缺失，那就是忽略了臺灣複雜的形成過程，特殊的地理位置使得臺灣從十七世紀就在東亞海域衝突爭奪中有了角色，中國之外的各種力量長期影響了臺灣。只從中國的角度，不看來自荷蘭、日本、美國等政治與文化作用，絕對不可能弄清楚臺灣的來歷。

但是，過去的錯誤不能用相反的方式來矯正。臺灣歷史不應該是中國歷史的一部分，然而中國歷史卻仍然是臺灣歷史非常重要的一部分。關鍵重點在調整如此的全體與部分關係，確認不該將臺灣史視為中國史的一部分，而該翻轉過來將中國史視為構成及解釋臺灣史的一部分。這樣調整之後，再來衡量中國史在如此新架構中該有的地位與分量。

不只是臺灣的社會與文化，從語言文字到親族組織原則到基本價值信念，和中國歷史有著太深、太緊密的連結；就連現實的政治與國際關係，去除了中國歷史變化因素，就無法理解了。硬是要降低中國歷史所占的比例分量，降低到一定程度，歷史就失去了解釋來歷和分析現實的基本作用了。

從歷史上必須被正視的事實是：中國文化的核心是歷史，保存歷史、重視歷史、訴諸歷史是中國最明顯、最特殊的文化性格。因而中國文化對臺灣產生過的影響作用，非得回到中國歷史上才能看得明白。

不理解中國史，拿掉了這部分，就不是完整的臺灣史。東亞史的多元結構無法提供關於臺灣來歷的根本說明，諸如：臺灣人所使用的語言文字、所信奉的宗教與遵行的儀式、內在的價值判斷優先順序、對於自我身分角色選擇認定的方式、意識深層模仿學習的角色模式……

歷史教育需要的是更符合臺灣特殊性的多元知識，但這多元仍需依照歷史事實分配比例，一味相信降低中國史比例就是對的，違背了歷史事實，也違背了歷史知識的根本標準。

目次 contents

第三講
李鴻章與漢人封疆大吏

第四講
光緒皇帝與戊戌變法

第五講

康有為、梁啟超與改革派困局

第六講

義和團、八國聯軍與清廷的變化

第七講

孫中山與中國社會的騷亂

第八講

江河日下的中國經濟

第九講

晚清小說與晚清思想

第十講

壓垮駱駝的最後一根稻草

前言

「重新認識」中國歷史

1

錢穆（賓四）先生自學出身，沒有學歷，沒有師承，很長一段時間在小學教書，然而他認真閱讀並整理了古書中幾乎所有春秋、戰國的相關史料，寫成了《先秦諸子繫年》一書。之所以寫這樣一本考據大書，很重要的刺激來自於名譟一時的《古史辨》，錢穆認為以顧頡剛為首的這群學者，「疑古太過」，帶著先入為主的有色眼光看中國古代史料，處處尋覓偽造作假的痕跡，沒有平心靜氣、盡量客觀地做好查考比對文獻的基本工夫。工夫中的工夫，基本中的基本，是弄清楚這些被他們拿來「疑古辨偽」的材料究竟形成於什麼時代。他們不願做、不能做，以至於許多推論必定流於意氣、草率，於是錢穆便以一己之力從根做起，竟然將大部分史料精確排比到可以

「編年」的程度。

很明顯地，《先秦諸子繫年》的成就直接打擊《古史辨》的可信度。當時任職燕京大學，在中國學術界意氣風發、引領風騷的顧頡剛讀了《先秦諸子繫年》，立刻理解體會了錢穆的用意。他的反應是什麼？他立刻推薦錢穆到廣州中山大學教書，也邀請錢穆為《燕京學報》寫稿。中山大學錢穆沒有去，倒是替《燕京學報》寫了〈劉向歆父子年譜〉，錢穆自己說：「此文不啻特與頡剛諍議，頡剛不介意，既刊余文，又特推薦余在燕京任教。」

這是個「民國傳奇」。裡面牽涉到那個時代學者對於知識學問的熱情執著，也牽涉到那個時代學者的真誠風範，還牽涉到那個時代學院重視學識高於重視學歷的開放氣氛。沒有學歷的錢穆在那樣的環境中，單純靠學問折服了潛在的論敵，因而得以進入當時的最高學府任教。

這傳奇還有後續。錢穆後來從燕京大學轉往北京大學，「中國通史」是當時政府規定的大學歷史系必修課，北大歷史系慣常的做法，是讓系裡每個老師輪流排課，將自己所擅長的時代或領域，濃縮在幾堂課中教授，用這種方式來構成「中國通史」課程。換句話說，大家理所當然認為「中國通史」就是由古至今不同斷代的中國歷史接續起來，頂多再加上一些跨時代的專史。

可是被派去「中國通史」課堂負責秦漢一段歷史的錢穆，不同意這項做法。他公開地對學生表達了質疑：不知道前面的老師說了什麼，也不知道後面的老師要說什麼，每個老師來給學生片片斷斷的知識，怎麼可能讓學生獲得貫通的中國史理解？學生被錢穆的質疑說服了，也是那個時代的精神，學生認為既然不合理就該要求改，系裡也同意既然批評反對得有道理就該改。

怎麼改？那就將「中國通史」整合起來，上學期由錢穆教，下學期則由系裡的中古史大學者陳寅恪教。這樣很好吧？問了錢穆，錢穆卻說不好，而且明白表示，他希望自己一個人教，而且有把握可以自己一個人教！

這是何等狂傲的態度？本來只是個小學教員，靠顧頡剛提拔才破格進到北大歷史系任職的錢穆，竟然敢排擠數不清精通多少種語言、已是中古史權威的大學者陳寅恪，自己一人獨攬教「中國通史」的工作。他憑什麼？他有資格嗎？

至少那個年代的北大歷史系覺得錢穆有資格，就依從他的意思，讓他自己一個人教「中國通史」。錢穆累積了在北大教「中國通史」的經驗，後來抗戰中隨「西南聯大」避居昆明時，埋首寫出了經典史著《國史大綱》。

2

由《國史大綱》的內容及寫法回推，我們可以明白錢穆堅持一個人教「中國通史」，以及北大歷史系接受讓他教的理由。那不是他的狂傲，毋寧是他對於什麼是「通史」，提出了當時系裡其他人沒想到的深刻認識。

用原來的方式教的，是「簡化版中國史」，不是「中國通史」。「中國通史」的關鍵，當然是在「通」字，而這個「通」字顯然來自太史公司馬遷的「通古今之變」。司馬遷的《史記》包納了上下兩千年的時代，如此漫長的時間中發生過那麼多的事，對於一個史家最大的挑戰，不在如何蒐集兩千年留下來的種種資料，而在如何從龐大的資料中進行有意義的選擇，從中間選擇什麼，又放棄什麼。

關鍵在於「有意義」。只是將所有材料排比出來，呈現的勢必是偶然的混亂。許多發生過的事，不巧沒有留下記錄資料；留下記錄資料可供後世考索了解的，往往瑣碎零散。更重要的，這些偶然記錄下來的人與事，彼此間有什麼關聯呢？如果記錄是偶然的，人與人、事與事之間也沒有什麼關聯，那麼知道過去發生了什麼事要做什麼？

史家的根本職責就在有意識地進行選擇，並且排比、串聯所選擇的史料。最簡單、最基本的串聯是因果解釋，從過去發生的事情中去挖掘、去探索「因為／所以」：前面有了這樣的現象，以至於後來有了那樣的發展；前面做了這樣的決定，導致後來有了那樣的結果。排出「因為／所以」來，歷史就不再是一堆混亂的現象與事件，人們閱讀歷史也就能夠藉此理解時間變化的法則，學習自然或人事因果的規律。

「通古今之變」，也就是要從規模上將歷史的因果解釋放到最大。之所以需要像《史記》那樣從文明初始寫到當今現實，正因為這是人類經驗的最大值，也就提供了從過往經驗中尋索出意義與智慧的最大可能性。我們能從古往今來的漫長時間中，找出什麼樣的貫通原則或普遍主題呢？還是從消化漫長時間中的種種記錄，我們得以回答什麼只有放進歷史裡才能回答的關鍵大問題呢？

這是司馬遷最早提出的「通古今之變」理想，這應該也是錢穆先生堅持一個人從頭到尾教「中國通史」的根本精神價值來源。「通史」之「通」，在於建立起一個有意義的觀點，幫助學生、讀者從中國歷史中看出一些特殊的貫通變化。這是眾多可能觀點的其中一個，藉由歷史的敘述與分析能夠盡量表達清楚，因而也必然是「一家之言」。不一樣的人研究歷史會看到、凸顯不同的重點，提出不同的解釋。如果是因不同時代、不同主題就換不同人從不同觀點來講，那麼追求一貫「通古今之變」的理想與精神就無處著落了。

3

這也是我明顯自不量力一個人講述、寫作一部中國歷史的勇氣來源。我要說的，是我所見到的中國歷史，從接近無窮多的歷史材料中，有意識、有原則地選擇出其中的一部分，講述如何認識中國歷史的一個故事。我說的，只是眾多中國歷史可能說法中的一個，有我如此訴說、如此建立「通古今之變」因果模式的道理。

這道理一言以蔽之，是「重新認識」。意思是我自覺針對已經有過中國歷史一定認識的讀者，透過學校教育、普遍閱讀甚至大眾傳媒，有了對中國歷史的一些基本常識、一些刻板印象。

我試圖要做的，是邀請這樣的讀者來「重新認識」中國歷史，來檢驗一下你以為的中國歷史，和事實史料及史學研究所呈現的，中間有多大的差距。

也就是在選擇中國史敘述重點時，我會優先考慮那些史料或史學研究上相當扎實可信，卻和一般常識、刻板印象不相合甚至相違背的部分。這個立場所根據的，是過去百年來，「新史學」、西方史學諸方法被引進運用在研究中國歷史所累積的豐富成果。但很奇怪的，也很不幸的，這些精采、有趣、突破性的歷史知識與看法，卻遲遲沒有進入教育體系，沒有進入一般人的歷史常識中，以至於活在二十一世紀的大部分人對中國歷史的認識，竟然都還依循著一百多年前流通的傳統說法。「重新認識」的一個目的，就是用這些新發現、新研究成果，來修正、挑戰、取代傳統舊說法。

「重新認識」的另一個目的，是回到「為什麼學歷史」的態度問題上，提供不同的思考。學歷史到底在學什麼？是學一大堆人名、地名、年代，背誦下來在考試時答題用？這樣的歷史知識，一來根本隨時在網路上都能查得到，二來和我們的現實生活有什麼關聯？不然，是學用現代想法改編的古裝歷史故事、歷史戲劇嗎？這樣的歷史，固然有現實連結，方便我們投射感情入戲，然而對於我們了解過去、體會不同時代的特殊性，有什麼幫助呢？

在這套書中，我的一貫信念是，學歷史最重要的不是學 What——歷史上發生了什麼，而是更要探究 How and Why——去了解這些事是如何發生的、為什麼會發生。沒有 What 當然無從解釋 How and Why，歷史不可能離開事實敘述只存在理論；然而歷史也不可以、不應該只停留在事實敘述上。只敘述事實，不解釋如何與為什麼，無論將事實說得再怎麼生動，畢竟無助於我們從歷史而認識人的行為多樣性，以及個體或集體的行為邏輯。

藉由訴說漫長的中國歷史，藉由同時探究歷史中的如何與為什麼，我希望一方面能幫助讀者梳理、思考今日當下這個文明、這個社會是如何形成的；另一方面能讓讀者確切感受到中國文明內在的多元樣貌。在時間之流裡，中國絕對不是單一不變的一塊，中國人、中國社會、中國文明曾經有過太多不一樣的變化。這些歷史上曾經存在的種種變貌，總和加起來才是中國。在沒有如實認識中國歷史的豐富變化之前，讓我們先別將任何關於中國的看法或說法視為理所當然。

4

這是一套一邊說中國歷史，一邊解釋歷史知識如何可能的書。我的用心是希望讀者不要只是被動地接受這些訊息，當作是斬釘截鐵的事實；而是能夠在閱讀中主動地參與，去好奇、去思考：我們怎麼能知道過去發生了什麼，又如何去評斷該相信什麼、懷疑什麼？歷史知識的來歷常常和歷史本身同樣曲折複雜，甚至更加曲折複雜。

這套書一共分成十三冊，能夠成書最主要是有「敏隆講堂」和「趨勢講堂」，讓我能夠兩度完整地講授中國通史課程，每一次的課程都前後橫跨五個年頭。換句話說，從二〇〇七年第一講開講算起，花了超過十年時間。十年備課、授課的過程中，大部分時間用於消化各式各樣的論文、專書，也就是關於中國歷史的研究，並努力吸收這些研究的發現與論點，盡量有機地編組進我的歷史敘述與討論中。明白地說，我將自己的角色設定為一個勤勞、忠實、不輕信、不妥協的二手研究整合者，而不是進入原始一手材料提出獨特成果的人。也只有放棄自己的原創研究衝動，虛心地站在前輩及同輩學者的龐大學術基礎上，才有可能處理中國通史題材，也才能找出一點點「通」的心得。

將近兩百萬字的篇幅，涵蓋從新石器時代到辛亥革命的時間範圍，這樣一套書，一定不可避免地含夾了許多錯誤。我只能期望能夠將單純知識事實上的「硬傷」降到最低，至於論理與解釋帶有疑義的部分就當作是「拋磚引玉」，請專家讀者不吝提出指正意見，得以將中國歷史的認識推到更廣且更深的境界。

第一講

慈禧太后與滿清皇權

01 處理晚清歷史是減法、高度收束的

你正在讀的，是一本講中國通史的書，是一套十三冊中的最後一冊，講述的時間是從清末慈禧當政到辛亥革命創建中華民國。中國通史「通」的觀念，來自太史公司馬遷的「通古今之變」，也就是他明白揭示撰寫《史記》所尊奉的三大原則之一，也解釋了為什麼他的《史記》涵蓋從三皇五帝一直到漢武帝如此長久的時間。

那是司馬遷所能夠了解的人類文化全幅歷史，在時間規模上將歷史的因果解釋放到最大，提供從過往經驗中尋索出意義與智慧的最大可能性。如此才能建立起「通」的觀點，讓學習、閱讀歷史的人從中看出一些貫通變化。

因此我必須面對、必須解釋：為什麼這套書沒有像《史記》一樣寫到當代，為什麼選擇辛亥革命作為敘事與分析的終點？

最容易被誤會的，是以為我擔心民國之後的歷史太敏感，尤其牽涉到海峽兩岸的政治、政權，在描述乃至評價中有爭議。老實說，我不是個怕爭議的人，更不是會因為顧忌爭議而自我約束、不表達意見的人。我的意見當然不可能是定論，包括我對中國歷史的種種評斷，我也放入了許多不是大家都接受的看法，並一直提醒讀者，請你們不要簡單地照單全收。

所以絕對不是為了避免爭議或政治敏感性，而不繼續探討辛亥革命以後的中國歷史。這牽涉到史學研究的專業性質。對於一般人來說，很自然將「歷史」當作一個門類、一個學科，然而從研究的角度，史學內部有著很細膩的研究性質差異。而我所受的訓練，我進行史學研究的方式，使我沒有能力、更沒有把握講現代史、當代史。

從古代史一路下來，史料的性質及處理史料的方法，其實會不斷變異、挪移。最關鍵的差異出現在史料的多寡數量。在講「通史」時，我的原則是盡量不要掉入理所當然「詳今略古」的模式。我盡量讓時間軸上的分布不要太不平均，古代、中古、近世所用的篇幅大致差不多。

為什麼一般講歷史會習慣「詳今略古」？最基本的原因就是，愈靠近我們的時代留下了愈多、愈詳細的資料，讓我們可以說得多一點、說得仔細一點；時代愈古遠，史料愈稀少，當然很難說得多、說得詳細。

表面上看起來比較平均的時代分配，背後的史料依據比例差別很大。新石器時代根本沒有任何文字史料，只能靠地底下挖出來的考古證據，加上一些後來的傳說或記載，盡量去推論那個時代發生了什麼事。相對地，晚清最後十年，光是留下來的小說就有一、兩千萬字，不只記錄事件，同樣的事件還會有多種不同記錄，鉅細靡遺地反映了那個時代的紛雜錯亂。

換句話說，處理古遠的新石器時代必須統合所有的史料，再加上對於史料的排比推論；相對地，處理晚清歷史卻必須將大部分的史料濃縮簡化，去除眾多細節，勉強整理出一條比較清楚的線性敘述。前者的方式是加法、高度放散的，後者則是減法、高度收束的。

02 民國史的歷史敘述與分析仍充滿爭議

要有效地講述通史，我搭了一個比較平均的架子，在上面擺放對於史料的整理與判斷。愈是前面的史料愈少，也就意味著判斷愈多。考古出土的器物有限，我們必須搭出一個框架來盡量解釋，應該是什麼樣的生活、什麼樣的社會組織、什麼樣的權力安排會產生這樣的器物，這框架要能符合所有出土的證據。證據愈多，框架就會愈嚴密，所需的整理工夫愈來愈多，能夠進行想像判斷的空間相對變得愈來愈少。

史料不足的時代，所需要的史學能力是在史料中解讀出足夠多的意義；史料很多的時代，所需的能力就變成要如何刪除不必要的史料。到了民國史時期，已經不可能天真地認為可以先將所有的史料看過一遍，找出檢別史料的標準，刪掉大部分，留下有意義的少部分。

這時期的史料龐大到不可能用這種方式處理。所以從史學方法論上看，必須先對史料進行有效的分類，依照分類來填放史料。光是一個魯迅、一個胡適、一個「力行社」、一個「中共中央東北局」，就都有幾千萬字的相關史料，你不可能一一都去閱讀檢驗，只能夠依賴已經形成的「魯迅學」、「胡適研究」，或其他專題既有的結論來整理。

誠實地說，問題就出在我認定講民國史必定要有的種種分類、分項，並不存在已經穩定可信的研究結果。同樣是二十世紀的美國史，要講小羅斯福總統、要講杜威，或要講二戰中美國的軍情單位，很容易可以找到權威的史著作為基礎。但中國史的情況並非如此，有太多因素使得這些關鍵題目的歷史敘述與分析仍然充滿爭議。

也就是說，二十世紀美國史的史學架構已經很成熟，可以進行整合與普及的工作；但同時代的中國史，距離建構堅實基礎以支撐整合與普及，恐怕還有待長期努力。在那樣的基礎打好之前，以我這樣無法做第一手史料查考檢驗的資歷，絕對不可以、不應該用通史的鳥瞰角度來討論民國史。

因為史料分類與整理的狀況不同，也就連帶影響到講述的節奏。如果要顧慮許多未整理完成的史料，那麼稍微完整一點說「辛亥革命」，很可能就需要費去三冊書的篇幅。合理處理「辛亥革命」史料，很明顯要將這個重大歷史事件講清楚，就至少必須從一八九五年的「甲午戰爭」開始，連綿、延續歷史敘述與因果解釋到「洪憲帝制」結束。

在這過程中，光是牽涉到孫中山，要認真說明他到底是個什麼樣的人，為什麼會在那個關鍵時刻變得如此重要，很可能就需要三章的長度。那才是我能夠心安的一種處理方式。但如此一來，在詳略上會和前面談通史的方式相去太大。

03 帝制成為理解傳統中國的核心主題

講述晚清歷史有一個無可避免的方向性——朝向傳統中國的結束。傳統中國不是一夕之間結束於「辛亥革命」或「五四運動」或中國共產黨成立，而是有著漫長的過程，出現各式各樣結束的徵兆，給予這個社會面對結束的準備。

傳統中國結束的一大徵兆，在於傳統政治的核心——皇權——在此期間的扭曲。傳統中國在兩千多年歷史上最突出的一條貫串主軸，是皇帝制度與集中皇權。在《不一樣的中國史》第三冊書中，用了很多的篇幅解釋從戰國到秦統一六國的變化，就是為了破除舊有觀念中以為中國從夏商周一路下來都是同樣的皇帝制度。周和秦是兩個極度不同的朝代，從封建制到帝制是天翻地覆的大變化。

秦代之後，中國歷史當然還有很多複雜的變化，不過以皇帝為中心的政治組織規範基本上維持著。「帝制」成為理解中國歷史、討論傳統中國文化的核心主題。而在清朝最後的時刻，皇帝制度出現了清楚的轉變，讓人感覺到既有的這一套政治權力方式不再那麼理所當然。

兩千多年來，即使像魏晉南北朝或唐末五代那樣的非常狀態下，皇帝的觀念仍沒有消失，不斷復活重建。帝制觀念的基礎是相信一個朝廷政治體系必須要有單一的、集中的領導人。這個人要能發揮有效的統治效果，就必須掌有近乎絕對的權力，意思是沒有其他還活著的人可以公開否定他的意志，抗拒他的命令。

皇帝制度在不同時代有不同的修訂。活著的人雖不能反對皇帝的命令，但以宰相為首的官僚體系，藉由執行皇帝命令，有著和皇帝權力之間很不一樣的安排。有的時候宰相可以選擇對皇帝的決定背書或不背書，如果不背書，他可能必須辭職或被撤換，但足以促使皇帝做決定時多考慮一項因素。有的時候宰相卻縮小到只有類似顧問的角色，可以向皇帝提供意見，但沒有任何制度上的方法讓皇帝聽到、遑論聽進他的意見。

絕對權力不受任何活著的人挑戰，但在宋朝和清朝卻提高了死去皇帝的地位，將他們的意志以制度方式形成「祖宗家法」，具有比活著的皇帝更高的權力，皇帝不能違背。「祖宗家法」的權威在清朝到達頂點。清朝的皇帝很勤勞、也很辛苦，即使是冬天在北京，一樣凌晨天沒亮就要起床，天剛亮就要早朝，日復一日。誰讓他們那麼辛苦，誰可以讓他們不得不那麼勤勞，如果他們擁有無可挑戰的絕對權威？

「祖宗家法」管著皇帝。這是皇帝制度的根本形式。另外，帝制的規範嚴格遵守父子相傳，極度重視血緣延續。皇帝在宮中擁有徹底的生殖權，具備生殖能力的其他男人不得入宮，以確保後宮女人生下來的一定是、只能是皇帝的小孩。父子相傳是常規，只有在無法實現父子相傳時，皇位與皇權繼承才會做其他的安排。

04 清朝皇帝逐漸凸顯的滿洲種族特性

中國傳統帝制的終結，當然是受到外來西洋勢力的挑戰。不過另一方面，我們也不能忽略其內部腐蝕的因素。

在原本皇權的概念下，皇帝的身分具有一種預先假定的普遍性。皇帝是個人，卻又不只是個人。中國的皇帝沒有走到像日本天皇那樣成為「神道」中的一分子，取得超越神的地位，不過他仍然被認為是全天下的皇帝，因而必然有超越一般人的差異性，同時得到了更高的普遍性。

他是男人，但他不只是男人的皇帝；當他是個年輕人時，他也不會只統治年輕人。一旦當上了皇帝，他身上原有的性別、年齡等特殊性就會被刻意消解，以便建構他君臨天下所有人、代表所有人，因而得以統治所有人的性質。

然而滿清皇帝卻有微妙、曖昧之處。那就是他是天下人的皇帝，卻也是滿洲皇帝，沒有因為做皇帝就消除、隱蔽滿洲人的身分。這來自入關的滿洲人強烈的歷史意識，他們一度稱自己為「後金」，而「前金」的歷史一直在他們心中構成陰影。他們記得「前金」如何統治了中原，卻又失敗地倉皇退出中原的狼狽局面。他們不像蒙古人那樣純粹擴張武力就闖進中國，他們在建立「偉業」的過程中想了很多，做了很多安排。

他們尤其強調要保留滿人的後路。滿人的根據地必須防堵漢人大量進入，要求軍權由滿人掌控，在官職上也始終區分滿、漢，避免到後來少數滿人被漢人同化，變得像「前金」一樣失去族群認同而一敗塗地。

如果沒有這套全盤規劃，清朝不可能在那麼短的時間內有效地收拾明朝的殘局，在中國站穩腳步。然而付出的嚴重代價是：從此就一直留著與原本中國普遍皇權概念之間的緊張衝突。皇帝應該是超越種族的，而清朝皇帝卻必須維持並不斷凸顯自己的滿洲種族特性。

承平安定時期，這個衝突是隱性的，到了太平天國亂起之後，就變化為顯性的。從社會結構的角度看，太平天國帶有自我毀滅的成分，一方面動員底層人民挑戰既有政權，另一方面卻又以「拜上帝教」的外來信仰激起了中國人、尤其是士人保衛既有文化與生活方式的強烈決心。

得以解決太平天國的，不是滿洲皇帝領導的滿洲人，而是抱持著強烈傳統文化認同的漢人大臣。於是漢人在朝廷中的影響力快速上升，而整體社會的種族意識也隨之高漲。在這幾十年間，很多人心中的「皇帝」逐漸變成了「滿洲皇帝」。人們開始質疑「滿洲皇帝」的統治合法性：如果只是「滿洲皇帝」，為什麼理所當然坐在全天下的皇位上統治漢人呢？

「皇帝」變成了「滿洲皇帝」，而且隨著時間，「滿洲」二字在許多人心中愈來愈重要，甚至成為這位「皇帝」身上最突出的性質。於是原本「皇帝」擁有的普遍權威不斷下降、消失，這是使得皇帝制度終於被推翻的一項內部腐蝕因素。

05 慈禧政權造成皇位與皇權的實質分裂

另外一項腐蝕因素，是這段時間中皇位與皇權的實質分裂，帶來沒有人能否認的表裡不一。一八六二年到一九〇八年，從傳統朝代史的角度看，經歷了同治與光緒兩朝；然而換從統治現實的角度看，卻完全不是這麼回事。就像談論一九三三年到一九四五年的德國歷史，不會有人用德國總統當作歷史敘述的中心，而必然稱其為「希特勒政權」一樣，這四十多年的中國歷史是一貫的「慈禧政權」。

雖然聽起來很陌生，但「慈禧政權」確實比同治朝、光緒朝更接近政治上的事實。這四十七年的政治統治並不是完全連續的，然而中斷、改變的時間非常短暫。認知「慈禧政權」，另外也反映出過去傳統史觀帶來的限制。傳統上談到歷史中的「女主」，必定提出武則天，因為只有她即位成為女皇帝。女皇帝和皇太后在政治體制上是很不一樣的身分，我們就自然地認定武則天和慈禧也很不一樣。

然而換以統治實權來衡量，我們會發現：首先，慈禧太后掌握的權力絕對不亞於武則天；其次，慈禧太后建立她的政權並行使統治權的時間，也不輸於武則天。這是不折不扣的「慈禧政權」。

「慈禧政權」打破了過去理所當然的「皇權」與「皇位」合一的情況。在這四十七年間，「皇位」維持以傳統的方式，由咸豐皇帝傳給他的兒子同治皇帝，然後在同治皇帝沒有留下子嗣的情況下，再傳給實質上是堂弟的光緒皇帝。這是男系血統的正常安排。

然而同治皇帝和光緒皇帝都只有很短的時期能真正行使「皇權」。同治是從十七歲大婚後隔年親政，到他去世大約兩年的時間。光緒則是即使形式上「親政」期間，仍然隔日就要向慈禧太后奏報聽訓，並沒有完全掌握皇權，由他主導的「戊戌變法」也只有幾個月的時間。

換句話說，大部分時間皇權都落在慈禧太后身上，如此長期的皇位與皇權分離，是中國歷史上空前、當然也絕後的特例。過去有太后，但沒有人當這麼久的太后，更不可能當這麼久握有政權的太后。因為從體制上看，太后主政是暫時、過渡的安排，只會出現在少主即位的局勢中，因而太后的權力必然是從少主即位到原來的少主長大了可以自己作主。不管少主再怎麼「少」，他總會長大，頂多十幾年，太后必定要還政給正式的皇帝。

慈禧掌權這麼久，因為她當了兩朝的太后，這在一般的道理上也是說不通的。前一朝當太后的，原來的皇帝死了，將皇位交給下一代，皇太后就「升級」為太皇太后，也就會另有皇太后。少主需要有人輔政，也是新的皇太后才有權利，不會是太皇太后。

只有慈禧在各種偶然因素與刻意運作下，比如將光緒皇帝過繼給咸豐皇帝的方式，當了兩朝有統治實權的皇太后，實際上越過了皇帝繼承而長期壟斷皇權。為什麼皇位和皇權如此長期分離？因為慈禧的「錯誤」身分，她是絕對不能繼承皇位的女性。

因而這四十幾年間，原本牽涉到和皇帝有關的一切制度，所有的權力象徵與安排，都在皇位與皇權分離中產生了種種錯亂。如此因應現實政治而產生的錯亂，對於朝廷的統治、朝中的大臣、外圍的士人，以及更外圍的社會民眾會有怎樣的影響，尤其是如何改變、動搖他們對這個朝代的看法與信任效忠，是這段時期歷史的特殊主題。

慈禧陵曾經遭受嚴重破壞，不過留下來的建築石雕都還可看到奇特的龍鳳圖。龍代表皇帝，是皇家最重要的象徵，龍和鳳相配出現，也是這項象徵很普遍、常見的運用方式。然而慈禧陵雕畫的龍鳳圖卻逆反了原來的方位，轉為鳳在上、龍在下。而這樣的圖案甚至不只用在慈禧陵寢，她活著的時候在不少地方就已經有這種顛覆既有皇權象徵的符號。

北京附近有潭柘寺和戒台寺，都和清朝皇室有很密切的關係。潭柘寺裡有一棵大銀杏樹，號稱「帝王樹」，據說每有一位新的皇帝即位，這棵銀杏樹會相應長出一條新的分枝。傳說宣統皇帝溥儀退位後有一次來到潭柘寺，望著那棵「帝王樹」，指著其中一根格外細瘦的樹枝幽幽地說：「那應該就是我吧！」

潭柘寺最後一次大整修是恭親王奕訢為慈禧太后祝壽時進行的，所以在寺裡同樣出現了鳳在上、龍在下的逆轉圖案。中國幾千年來根深柢固男尊女卑的價值意識，顯現在龍上鳳下的安排中，然而咸豐皇帝的親弟弟，也是和慈禧太后同輩的小叔，竟然必須用這種方式來表達對慈禧的承認與尊崇，這已經是對傳統帝制的巨大挑戰。

06 皇權不在皇帝身上，那能放在誰身上？

從同治朝到光緒朝，慈禧太后對於皇權的掌控非但沒有衰微，還愈來愈趨近絕對的程度。「同治」指的是「兩宮共同統治」，明白指向東宮慈安和西宮慈禧分領，然而到了光緒七年慈安去世，就不再有「兩宮」，只剩下西太后獨攬政權。再者，同治皇帝不到二十歲突然去世，慈禧選擇了醇親王奕譞和自己妹妹所生的載湉即位為光緒皇帝。載湉和同治皇帝同輩，又過嗣給咸豐皇帝，所以慈禧可以繼續當皇太后。而且光緒即位時才四歲，年紀小，不會有自己的意志、自己的想法。

要更有效控制皇帝，更有效掌握皇權，慈禧太后規定光緒皇帝從小就叫她「親爸爸」。這是對於原本倫理的雙重冒犯。慈禧當然不是「爸爸」，她甚至連「親媽媽」都不是，在倫理關係上她只是阿姨，卻硬是先僭用了「親」來拉近關係，又再改稱「爸爸」來提升自己在皇帝面前的權威地位。

這些僭越、冒犯到曖昧的舉措，是慈禧建立政權的關鍵機制，但在過程中使得過去關於帝制不可更動、不可改變的信念被動搖了。帝制成為既然可以改變也就可以思考、可以討論，進而可以批評的事。

變得可以思考的一個問題是：可以有沒權力的皇帝嗎？在同治朝和光緒朝有兩次都因為皇帝親政而引發很大的政治風波。太后垂簾聽政，皇帝沒有實權，但這看起來只是過渡的辦法，便必然有何時結束過渡、如何結束過渡的問題。

第一次發生在同治皇帝快滿十四歲時。為什麼是十四歲？因為前面祖宗留下來的前例，沖齡即位的順治皇帝和康熙皇帝都是在十四歲開始親政。祖宗權威給慈禧帶來很大的還政壓力，她找了各種理由不斷拖延，而每找一種理由、每拖延一次，就更凸顯出當前皇帝沒有權力的事實，逼著大家思考為什麼權力不能不歸還皇帝的原因。

慈禧太后勉強拖到同治皇帝十七歲大婚，才交出政權還給皇帝，清朝才重新有了一位有權力的皇帝。但這種狀況只維持兩年，同治皇帝就突然發病去世，換了一位新的小皇帝，又回到皇帝無權、太后有權的情況。

接下來等到光緒皇帝長大，又出現親政問題，但這次因為已經這麼久都不是皇帝掌權，非得要有權力的皇帝這件事似乎沒那麼必然，於是實質還政給皇帝的過程就拖得比前一次更久了。等了很久，即使「親政」也無法獨立行使權力的光緒皇帝，好不容易終於能自己做決定，很快地就以新取得的權力發動「戊戌變法」，接著引發了「戊戌政變」，皇太后出手將皇帝關到瀛臺，「復垂簾於便殿訓政」（《清史稿．德宗本紀二》），取消了皇帝行使權力的資格。

這是更大的震撼，帶來了無從逃躲的權力合法性問題。皇太后憑什麼取消一個成年皇帝的命令，甚至還奪走他的權力地位？依照過去的邏輯，就連皇太后的權力都是源自皇帝，皇權仍然屬於皇帝，只是暫時託給皇太后代管。然而慈禧太后的做法使得這套邏輯不再那麼理所當然，她逼著大家問：皇權究竟是怎麼回事？如果皇權不在皇帝身上，那可以放在誰身上，為什麼？

皇權在皇帝身上是不必問的通則，但如今皇權長期不在皇帝身上，還能夠從活著的、明顯有決策和行為能力的皇帝身上奪走，這就像打開了潘朵拉的盒子，引發關於皇權的種種質疑。「戊戌政變」之後，從士人階層乃至社會大眾之間，突然不只冒出了許多同情「變法」的改革派，還有聲勢愈來愈浩大的革命派，就是皇權失去必然地位帶來的連環反應。兩千多年的皇帝制度能夠存在、維繫，靠的是皇權的真理性絕對不容被質疑。一般人連想都不會想、也不准想：為什麼要有皇帝？為什麼要給這個人完全的政治權力？但在慈禧太后發動政變、軟禁光緒皇帝之後，這樣的問題如幽靈般盤旋在清朝的天空，在許多人的心頭。

慈禧政權四十七年曖昧、衝突的皇位與皇權分離狀態下，皇權的地位一步一步下降，再也無法恢復那種理所當然的、官員和百姓都不思不考全盤接受的皇權了。

07 權力真空下慈禧崛起的偶然因素

中國歷史上從來沒發生的事，為什麼會發生在慈禧太后身上？如此重大的事件必然有其偶然的部分，再三提醒我們歷史沒有固定的規律。不過其中也有源自長遠背景的結構性因素。

慈禧的出身是八旗中的葉赫那拉氏，葉赫是他們這支系譜的起源地，那拉是族名。在野史中有一種說法，說她其實不是滿人，而是山西長治縣一個漢人家中生的女兒。這種說法沒有什麼站得住腳的證據，不過反映出慈禧身上一件比較難得的特質，就是她在入宮前學過漢文，能讀而且能寫漢字。這在滿清宮內的后妃中很少見。

滿洲婦女受教育認字讀書的不多，認漢字、讀漢文書的就更少了。慈禧的漢文能力應該是自學得來的，所以她雖然能讀能寫，但一輩子沒有真正掌握如何寫正確，更不用說寫優雅的漢文。她留下來的漢文資料一般都有錯別字，也有不少文法不通的地方。

然而有限的漢文能力，加上咸豐皇帝的后妃中只有她生下兒子，就構成了足以讓朝廷天翻地覆的大變數。因為兒子拉近了慈禧和皇帝間的關係，又因為懂漢字讓她得以與聞朝政。

到咸豐朝後期，皇帝經常以口述的方式由慈禧記錄他的諭令，於是慈禧和其他后妃拉開了身分差距，她不只經常陪伴皇帝，而且她了解朝廷和朝政。如此她突破了傳統上極其嚴格的「內外朝」劃分，以內朝的身分介入外朝決策，並且透過參與政事的皇親，如在咸豐朝甚受重用的恭親王奕訢，而得以認識外朝重臣。

最重要的偶然因素，是咸豐皇帝在第二次英法聯軍迫近北京時出宮躲避，隔年病死在熱河行宮。帝制最大的風險在於當前一位皇帝去世時，不能保證一定有兒子可以繼承皇位；就算有兒子，也不能保證兒子已經長大到可以承擔皇權的責任。

遇到這種兒子無法順利繼承的情況，傳統上就會有兩股力量拉鋸爭奪。一股力量來自小皇帝的母親，可能是血緣上的母親，也可能是倫理身分上的母親，通常她背後還會有外戚的勢力一併牽涉其中。另一股力量是被先皇信任的大臣，由他們來擔任攝政或輔政的角色。

在一時的權力真空中，可能產生許多變化，然而不管哪一方力量勝出，畢竟也都只是權宜的安排，很難穩固，沒有人能真正全盤掌控。只要皇權不在占據皇位的人身上，就必然帶來高度的不確定性。

在熱河行宮，其中一個麻煩的變數是遺詔中所用的「贊襄」二字，[1]引發了不同的解釋。以肅順為首的八大臣認為這和「顧命」是同樣的意思，也就是授權由他們八個人集體擔任「攝

1 《清文宗顯皇帝實錄・卷三百五十六》記載：「奉遺詔曰……召見宗人府宗令、右宗正、御前大臣、軍機大臣，令其承寫硃諭，立皇長子為皇太子，並命該王大臣等，盡心輔弼，贊襄政務。」這八名王大臣分別為：載垣、端華、景壽、肅順、穆蔭、匡源、杜翰和焦佑瀛。

政」。因為沒有選擇任何一人來當「攝政」，所以才用「贊襄」稱呼。

然而以新升任皇太后的慈禧為首，加上一些其他大臣，這個集團則認為「贊襄」就表示身分低於「攝政」，先皇並沒有要讓八大臣握有決策權，他們只有從旁建議、輔助的地位。根據這項看法，慈禧太后說服了慈安太后，聯合起來拒絕交出她們手中保管的兩枚聖旨印章。慈禧堅持以小皇帝名義頒行的聖旨都必須由她過目，而她也確實有能力可以看得懂、可以有意見。

肅順當然不同意這樣的安排，和慈禧之間的衝突愈來愈嚴重。於是慈禧就聯絡為了處理英法聯軍諸事而留在北京、沒有到熱河的六王爺奕訢。因為偶然的因素，咸豐皇帝去世，皇權出現中斷、不確定狀況時，清朝出現了兩個權力中心，一個在熱河，一個在北京，提供了慈禧太后選擇與操控的機會。

08 祺祥政變與逼退恭親王的隱性政變

慈禧太后派了她最信任的宦官安德海，假裝和慈安太后的貼身宮女雙喜大吵一架，安德海因此被降等逐回北京，不得繼續留在熱河。安德海懷著祕密任務回到北京，透過總管內務府大臣寶鑾傳話，要奕訢趕往熱河。

奕訢以奔喪為名義，上摺要求前往熱河，卻被肅順為首的「贊襄大臣」們否決了。慈禧與慈安只好聯手介入發出密詔，以皇親宗室禮儀為由，終於讓奕訢得以啟程。

奕訢到了熱河後，慈禧要求單獨和奕訢見面，又被肅順以叔嫂戒防為理由拒絕。幾經折衝，才讓奕訢終於能和慈禧說話。慈禧後來再就禮儀問題和肅順商量。依照正式禮制，大行皇帝移靈時，小皇帝必須跟隨，而且從熱河到京師的路程上，每天都有繁複的儀節，才六歲的小孩恐怕吃不消，於是請求讓小皇帝不必緊隨。

肅順同意了。所以兩宮太后帶著小皇帝「由間道先行啟蹕」，「贊襄大臣」則分成兩組，一組隨小皇帝走，另一組——包括肅順在內——要照顧大行皇帝梓宮，在後面由大道回京。

慈禧太后利用先回到北京的幾天時間，和奕訢聯手，發動了「祺祥政變」，將政權從肅順等八大臣手中奪走，八大臣不是被賜死，就是被革職。今天即使是學歷史的，都很少人聽過「祺祥政變」這個說法，主要是「祺祥」這個詞在歷史上消失了。

「祺祥」是原訂的新年號。肅順在政變中失勢後，原先曾被肅順打壓過的大學士周祖培就上奏，檢討「祺祥」這個年號。他考據歷史上從來沒有哪位皇帝的年號用過「祺」字，而「祥」字也只出現過一次，那是南宋早夭、七歲就去世的少帝趙昺的年號。多麼不吉利！

取消了「祺祥」年號，軍機大臣另擬了「同治」為新年號。表面上說是「天下同於治」的意思，但實質上是配合當下情勢，由兩宮皇太后「同治」，或由慈禧太后與恭親王「同治」的局面，總都是貼切的，給予新政局合法性。

在政變中，恭親王奕訢的角色遠遠超過慈安太后，不過他的宗親身分卻給他帶來權力行使上的阻礙。一來，在血緣身分上，他是咸豐皇帝的親弟弟、同治皇帝的叔叔，也就是他是有資格當皇帝的。這樣的親近關係，使得他能夠凌駕肅順，將政權奪過來；但這樣的親近關係，也使得慈禧太后必然對他抱持著警戒，擔心他如果野心更大時，會想要自己當皇帝。

政變之後，奕訢得到了「議政王」的特殊權位，等於是以宗親身分實質統領外朝。對這個朝廷，奕訢立有大功，他主導最困難的英法聯軍善後事務，又組織北京的勢力協助慈禧太后剷除肅順。但他愈是顯赫，愈是觸犯了從明代以來另一項政治上的禁忌——宗室與重臣不得混同。

這是朱元璋建立絕對皇權的一種防範手段，盡量將其他在血緣身分上有可能覬覦皇位的人，排除在政治權力運作之外。有身分的人沒有權力經驗，有權力經驗的人沒有身分，如此提供現任皇帝不受威脅的最高保障。

制度建立起來後，從明朝延續到清朝，也就連帶產生了外朝大臣防範宗室成員根深柢固的基本態度。

在這樣的結構下，幾乎無可避免的事就發生了。同治四年，一位叫蔡壽祺的翰林院編修上了一份奏摺，洋洋灑灑列出對於恭親王的「十大罪」指控。

蔡壽祺此舉有著明顯的投機之意，也反映了當時的官場風氣與遊戲規則。利用直接向皇帝上奏的機會，想要吸引皇帝注意，一定要敢於冒險，向皇帝指控握有大權的人。如此做當然必須承擔遭到報復的高風險，但相對也會有暴得大名、一夕獲得不次拔擢的機會。

參奏高官可能有幾種結果。最常見的是皇帝認為你胡說八道，將上奏駁回，過程中很可能上奏內容會外漏，當然就得罪了被你攻擊的重臣，只能等著遭到報復。第二種情況是皇帝認為上奏有用。一種有用是可以藉機管束重臣，將被參奏的人找來，警告他別太放肆囂張，現在有別人告狀的把柄落在皇帝手中了；另一種有用是真的徹查上奏中批評的內容，予以處置。

這是清朝正常政治運作中的一環，所以有蔡壽祺這樣的上奏不算意外。尤其奕訢以宗親身分又主掌大權，是最典型高風險卻也可能帶來高報酬的明顯彈劾對象。

從咸豐朝便與知政事，慈禧太后很了解這些官僚運作的邏輯，於是便操作蔡壽祺的上奏，逼迫恭親王退離原本總攬權力的「議政王」位子。這其實等於是第二次的政變，宮中、朝中隱性互動的政變，結果是奕訢也被排除在權力核心之外。如此宮中、朝中的權力運作就都集中在慈禧太后手中，沒有人能挑戰她，甚至沒有人能在權利地位上和她平起平坐。

09 重修圓明園，凸顯同治皇帝的昏庸

下一個可能威脅慈禧政治地位的因素，是同治皇帝不可能一直是個小孩，他會長大，也就有必須還政的壓力。原本眾臣預期皇帝十四歲親政，慈禧太后硬是將時間拖到皇帝十七歲大婚之後，才讓皇帝正式親政。

不過這裡又有另一項歷史的偶然。咸豐皇帝去世時只留有一個子嗣，別無其他選擇。而這位當上皇帝的人對政務沒有什麼興趣，卻對女色冶遊充滿慾望。在母親掌權的情況下長大的他，對於政事也極度陌生。

十七歲大婚時，皇帝得到另一位母親慈安太后的支持，違背慈禧太后的意志，選了阿魯特氏為皇后。大婚之後，慈禧便百般刁難阿魯特氏，讓皇帝夾在其中無法自處。於是一方面皇帝就有高度動機想要離開不愉快的皇宮環境，偷偷外出冶遊；另一方面，皇帝也想方設法要讓母親不能如此直接干預、管控他的生活。

皇帝做了一個決定，要重修圓明園。圓明園是慈禧太后心頭之痛，當年英法聯軍迫近北京，慈禧不得不隨著咸豐皇帝逃離出走，隨後圓明園就被燒毀了。同治皇帝宣布重修圓明園，表面理由是為母親祝壽，但實際上是要讓慈禧太后將心思放在這件事上，更期待修好圓明園後可以讓母

親搬過去住，離開紫禁城。

然而以當時的狀況來看，重修圓明園真是個糟糕的決策。首先，清朝的財政無法負擔得起重修所需的龐大費用；更糟的是，皇家要大興土木，等於創造了各種貪汙舞弊的方便門路。為了重修圓明園，突然之間必須擴大內務府的預算，立即的效果就是吸引了許多人來勾結內務府，關說、回扣不一而足。而大部分能在過程中分到好處的都是滿人、滿官。於是和太平天國事件前後的局勢相加相乘，就更進一步凸顯出滿人與漢人間的差距，尤其在道德與文化合法性上的差距。

同治四年時，全中國一共有十位總督，其中九位是漢人，只有湖廣總督官文是滿人。另外有十五位巡撫，通通都是漢人。再分得仔細些，九位漢人總督中，湖南人就占了五位，這是從湘軍而來的影響力。在這種狀況下，清朝最後半世紀，地方勢力以特殊的方式興起，不是分裂割據，而是封疆大吏具有愈來愈高的自主性。

不只是漢人的勢力愈來愈大，而且漢人封疆大吏有平定太平天國的功績為其權力合法性基礎；相形之下，滿人不只在政治勢力上持續萎縮，他們的形象敗壞得更快。重建圓明園牽涉的種種黑幕弊案，使得大清王朝更進一步墮落，然而對於慈禧本人的權力卻反而是有利的。

圍繞著親政的皇帝，都是圓明園相關的弊案傳聞，讓眾人看到皇帝的昏庸，大搖其頭的同時，自然不免懷念起慈禧太后主政的時期。圓明園的錢坑難以收拾，奕訢憂心忡忡地向皇帝提出勸諫，建議停修，皇帝的答覆竟然是：「那不然你來當皇帝！」很顯然地，恐怕連奕訢也覺得原先兩宮太后垂簾聽政時的政治，比皇帝親政後好得多吧！

大臣們拿皇帝沒辦法時，幾次將慈禧請出來訓誡皇帝。太后當然有其威嚴，皇帝不得不受約束，但這樣就更讓人覺得皇權轉回皇帝身上不見得就是對的。然後同治皇帝突然生了重病，很快就不治駕崩。

因為他喜歡在宮外冶遊，野史的說法是同治皇帝死於梅毒。不過依照御醫留下來的正式資料看，死因比較可能是天花。病毒發作又猛又快，使得剛親政不久的皇帝未滿二十歲就去世了，而且沒有留下任何子嗣。

於是一切又回到由慈禧太后來主持、處理政務。她選擇載湉當皇帝，恢復了既有的垂簾聽政模式。

10 如何以一個女人身分釀成全國性災禍？

要如何評價長達四十多年的慈禧政權？因為直接聯繫到清朝的滅亡，傳統上理所當然認定：這段時間如果不是由慈禧主政，清朝應該會好得多。慈禧政權的確留下了很多倒退失敗的作為，例如撲滅改革運動的「戊戌政變」、將海軍經費挪用去興建頤和園，以及支持義和團並向全世界宣戰等等。

不過站在史學的角度，我們不能只痛恨、抨擊慈禧太后造了這麼多孽，而必須先探究、先回答：以一個女人的身分，而且如果是一般人認為的那麼無知，慈禧太后怎麼會有能夠釀成如此全國性災禍的能力？她的權勢是從哪裡來的，更重要的，她所領導的慈禧政權到底是怎麼一回事？又對已經存在兩千年的中國帝制產生了什麼樣的影響與衝擊？

尋找這些問題的答案，遠比譴責慈禧太后要來得更重要、更有意義得多。

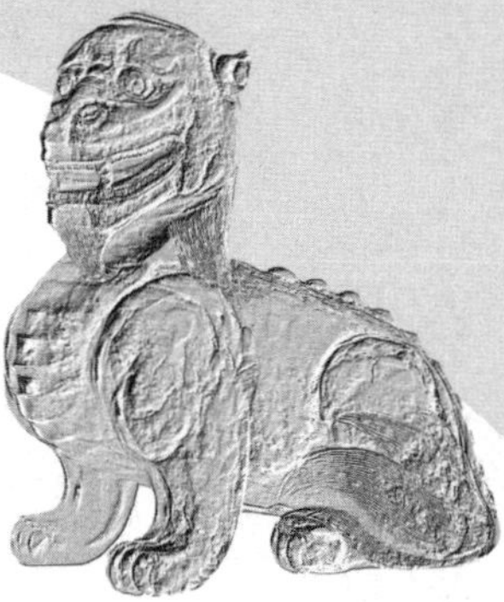

第二講

日本與甲午戰爭帶來的震撼

01 鎖國鬆禁，鴉片戰爭而來的天保和緩令

從一八四〇年代開始，訴說和理解中國歷史的方式必定要改變。中國史變成了世界歷史中的一環，受到西方帝國主義興起的連動影響，不再能單純從中國自身發生了什麼事來描述。西方——至少在美國獨立戰爭與法國大革命之後——所發生的種種變化，包括思想與文化上的新潮流，也以各種形式源源進入中國，促使中國改變，並在相當程度上決定了中國改變的方向。不過除此之外，還有另一個面向也在進行、發生，那就是中國的變動也牽連影響了其他地區或國家，然後這些地區或國家的變化再回頭連鎖地衝擊中國。這樣的過程，最明顯表現在中國和日本的互動上。

我們習慣於專注看待西方帝國主義如何層層壓迫中國，形成這段時間中國歷史的主題，因而忽略了這樣的重大事件發生在廣大的中國，其餘波會給周遭其他較小的國家帶來強烈的震撼。

如果將中國歷史和日本歷史對照來看，就會看到許多密切連結之處。例如，日本歷史上意義重大的「天保和緩令」發生在一八四二年，也就是日本紀年的天保十三年。「和緩令」指的是放鬆鎖國的嚴格禁制規定，這是日本從長期鎖國轉而通向開放的關鍵事件。這一年暫時廢止了「文政異國船驅逐令」，也就是不再執行在文政八年（一八二五年）所訂定的，一律將不是過去有來

往的國家船隻予以炮擊驅逐、不得在日本靠岸的禁令。

德川幕府時代對洋人只開放長崎一地，而且只准許荷蘭船隻靠岸，只有荷蘭人能夠上岸。於是任何想要到日本做生意或傳教的人，不論原本是哪裡人，都必須以荷蘭人的身分進來。對日本人來說，洋人就是荷蘭人，所以關於西洋的知識也統稱為「蘭學」。「天保和緩令」等於是承認在荷蘭之外還有其他異國，准許他們的船隻靠岸。

德川幕府會頒布「天保和緩令」，是因為前一年在中國的「鴉片戰爭」戰事擴大的消息傳到日本，他們知道英國人是不容否認的強大勢力，為了避免在中、英衝突中因為拒絕英國船隻而被波及捲入，所以暫時不管哪一國的船隻，都可以在日本靠岸，補給柴薪和食水。

02 日本成為中國處理西方事務的後遺症

一八四八年，美國西部剛開拓不久的加州發現了金礦礦脈，而且有些黃金是以金沙形式存在於河流中，很容易可以篩洗出來，因而掀起一陣淘金狂熱。San Francisco 這個地名本來應該翻譯為「聖方濟」，中國人卻都慣稱為「舊金山」，就是從這波淘金熱潮中遺留下來的稱呼，反映出

San Francisco是淘金時期興起的一個聚落，後來更隨著淘金人潮而擴增為一座城市。

這原本是美國西部一地的事件，卻在連環變化後嚴重影響到日本和中國。美國西部原來被視為蠻荒地帶，容納那些在東部混不下去、活不出名堂的人去冒險並尋找機會。好萊塢拍的西部電影常常反映出那種無序的危險，盜匪與印地安人隨時可能出現予以襲擊，辛苦的篷車隊伍總要到了電影快結束時，才總算越過最後一座山頭，眼前開展出沙加緬度河谷（Sacramento Valley），一個可以定居的豐饒之地。

自從加州發現黃金之後，美國西部的形象改變了，不只是黃金帶來很大的利益，不只是更多人湧向西部，最重要的是聯邦政府開始關注西部，感覺必須著重衛護西部。在這個時候，美國開始積極朝太平洋發展，設想要在太平洋西岸尋找一座基地，保障在歐洲列強的遠東競逐中，美國也能穩固地占有一席之地。

於是到了一八五三年，美國海軍將領伯里（Matthew Calbraith Perry, 1794-1858）率領四艘美國軍艦到達日本，四艘艦上一共載運了五百六十名海軍士兵。這是日本史上關鍵性的「黑船事件」。日本人沒有看過這種船艦，而且黑船不請自來，長驅直入浦賀港，日本人完全抵擋、拒絕不了。

美國了解到日本海上實力的薄弱，第二年伯里再度率艦隊前來，同時帶來了很明確的計畫與目標。美國準備好和約條款，逼迫德川幕府簽訂「神奈川條約」，又稱「日美親善條約」。

「神奈川條約」最主要的內容是：日本同意將下田和箱館（今天的函館）開放為通商口岸，

並准許美國人在下田居留。這樣的內容看起來有點熟悉吧！接下來的發展就更熟悉了：同一年，英國船艦也來了，簽訂了「日英親善條約」；一八五五年，輪到俄羅斯的艦隊來到日本，簽訂了「日俄親善條約」；一八五六年，長期維持和日本來往的荷蘭也派來艦隊，要求簽訂「日荷親善條約」。

這些協定都是同一套內容。從對於中國歷史的認知與了解，我們能夠推衍出，原來日本成為中國處理西方事務的一項後遺症，或者說是一個下游的受害者。

西方人從十七世紀開始摸索建立他們的列國秩序，十九世紀他們大舉入侵和這套已然定型的列國秩序完全絕緣的中國，等於是重新設計另一套和中國打交道的方式。在過程中，他們找到了要求開放通商口岸、要求設領事館、要求河道自由航行權等等訂約內容，確認這是中國不得不被迫接受，又對西方國家現階段最為有利的措施。

到一八五三、五四年，他們累積了在中國十年以上的經驗，更進一步找到了大家一併受惠、「一家烤肉萬家香」的片面最惠國待遇條款。他們將這一整套經驗挪用來對付日本。

在這方面，日本比中國更慘。中國是在和西方勢力互動中摸索著退讓，日本卻要面對已經因中國經驗而胸有成竹的成套壓迫手法，根本沒有和對方協商的知識與空間。

不過換另一個方向看，也因為有巨大的中國代表了潛在的巨大利益，而使得西方列強沒有對日本施加那麼大的壓力，也沒有對日本多所提防。西方列強一直不斷設計新方法謀取中國的利權，從不平等條約、劃分勢力範圍到門戶開放政策；相對地，最積極圖謀日本利益、最感受到日本威脅的只有俄羅斯。也唯有到了一九〇五年「日俄戰爭」中日本戰勝，才真正讓西方列強注意到日本崛起的實力。在這過程中，日本比中國有較大的空間可以進行改革、逐步壯大。

03 天皇不肯敕准背書，幕府陷入空前危機

排山倒海而來的巨變襲擊日本的幕府政權。從十二世紀起，日本傳統政治就是二元結構，天皇是名義上的統治者，居住在京都的皇宮裡，然而沒有任何實權，實際上統領層層複雜封建制度的是幕府將軍。

形式上，幕府將軍獲得天皇給予的專政權；但現實上，從最早的源賴朝到後來的豐臣秀吉、德川家康，他們的權力都是用武力打出來的。德川家康在「大坂冬之陣」、「大坂夏之陣」兩場關鍵戰役擊潰豐臣家，取而代之成為實質統治者，不過他仍然需要在形式上得到天皇給予他「將軍」的身分。天皇無力拒絕德川家康，但德川幕府也不會違背形式上的慣例，更不會取消天皇。

從「黑船事件」後，短短幾年內，西方各國都簽訂了和日本的條約。變化之所以來得那麼快，一部分原因就在這些文件都是現成早就準備好的。不需要花時間擬條文內容，因為早在跟中

國打交道時就經過折衝考量，甚至不用翻譯成日文，用中文寫的內容日本人也都看得懂。

德川幕府被打得措手不及，只能以令人瞠目結舌的速度節節退讓。德川幕府同樣是以中國為主要的參考對象，對他們來說，連中國都無法抵擋西方的軍事力量，日本更不可能承受得住西方船炮的攻擊。

在高度不利的情況下，德川幕府做了一個現實中看來聰明，但從稍微長遠一點的歷史眼光看卻是敲響喪鐘的選擇，那就是拖天皇下水，要讓名義上的政治領袖分擔來自西方的龐大壓力。

帶著中國經驗來到日本的西方勢力，最感陌生的確實是日本政治上的二元結構。尤其牽涉到簽訂條約時，必須確認主權之所在，才能有主權對主權的正式協議。德川幕府為了推卸壓力，於是向天皇請求敕准。照理說，幕府擁有專政權，天皇完全是象徵性的，幕府得到包裹授權，任何決策都不需要徵求天皇同意。幕府將協約內容送到天皇那裡，沒想到竟然被天皇否決了。

本來要讓天皇背書，利用天皇的神道地位，介於神人之間的身分來減輕幕府所受的批評、甚至譴責壓力，卻不意天皇沒有按照幕府的預期行事，使得幕府進一步陷入空前的危機中。

天皇不肯給予敕准，西方列強當然不會這樣就退讓，條約還是非簽不可，於是幕府只能明白動用專政權，和西方列強完成簽約。如此，一來顯示出明白違逆了天皇，二來對比天皇的態度，幕府看起來是那麼懦弱無能！

這件事加劇了幕府與武士階層原本就存在的矛盾，引發了武士階層集體騷動，使得德川政權無法再有效統治日本。

04 武士的被剝奪情緒與「尊王攘夷」

武士是封建制度的基礎與骨幹。武士是一種身分，和平民區分開來，他們服務封建領主，尤其是提供領主武裝自衛或擴張的力量，換來分封的土地與人民。

在日本時代劇或歷史小說中，有時也出現在他們的地名裡，有幾石幾石的說法，那就是計算封地大小與封建地位的單位。最高的「大名」可到百萬石，最底層的武士有的五十石、甚至少到十石。十石和百萬石相比看起來如此微不足道，但關鍵在於不管幾石都表示他們擁有土地，而且不必自己下田耕種，有農人負責每年供奉收成給他們。不管再小的封地，一方面保障了武士的生計，另一方面讓武士高於農人，得到較高的身分。

這原本是封建制度的基礎與命脈。然而在德川幕府兩百多年掌權發展中，卻逐漸將重心從農業、土地轉移到以江戶（今天的東京）為中心的商業貿易活動上。德川幕府建立了豐富活潑的「江戶文化」，其根柢性質是商業的、都會的。江戶城愈來愈繁榮，到十九世紀已經發展成為近百萬人口的大城市，吸引了愈來愈多人移居進城，從事商業相關活動，也就脫離了原本的土地生產與農戶身分。

商業創造財富，商人的生活愈來愈好，連帶地他們的地位也節節上升。相較之下，原本在封建社會中屬於有土地貴族階層的武士，尤其是下層武士，他們的地位實質被貶抑了，刺激產生愈來愈強烈的相對被剝奪感。

德川幕府重商輕農、重都市輕農村的長期做法，使得農業所得不斷下跌，而且商人勢力又進入農村，製造了各種賤買貴賣或壟斷的模式，讓農戶更加窮困。農戶窮，依賴農戶得到生計支持的武士當然連帶也一起變窮。

這段時期的變化幾乎都是對江戶有利，而對江戶以外的農業地區帶來破壞的。過程中首當其衝的是農家，但受災程度最嚴重的是下級武士。農戶可以依賴自身農業所得盡量追求自給自足，不要進入商業或金錢交易中，就不會受到買賣壟斷等操作的傷害。但下級武士自己不種田，他靠著收來的農產維持生活。即使農戶繳來的農產維持固定數量，換成生活所需的貨幣價值卻明顯地持續下降，收入以足以引發恐慌的速率不斷減少。

下級武士基於切身利益，原本就對德川幕府累積了不滿情緒，等到「黑船事件」之後，更看出德川幕府面對西方列強的徹底無能。同時因為請求敕准失敗，反而凸顯了天皇的存在、天皇的尊嚴。

於是下級武士之間出現了「尊王攘夷」的觀念與口號。這是中國春秋時代產生的詞語，很早就隨著中國經典進入日本，這時格外適合日本的危機情境。西方列強當然是「夷」，必須予以排除，又因為對幕府的不滿，就刻意用「尊王」將希望寄託在天皇身上，選擇天皇作為幕府政權以外的新中心。

請求敕准事件以幕府仍然得向西方人低頭簽約收場，讓這些不滿幕府的人更有理由集結到京都，表現對於天皇的擁戴。天皇沒有像幕府那麼軟弱怯懦，感動了他們。其實此時的天皇可能根本不知道外國人的作為，也沒有實權做任何決定，那有什麼好害怕、好軟弱的呢？

面對外國勢力的步步進逼，對於既有政權的批判，不需要掙扎著去形成新的中心，傳統二元政治結構提供了現成的領袖——天皇——作為近乎必然的選項，有效且快速地推動變革，避過了一邊要保守傳統、一邊要改革翻新的對立衝突。

05 從「禁門之變」到「薩長聯盟」

京都很快形成了「尊王攘夷」運動的中心，沒有多久，「尊王攘夷」的口號就轉變成「尊王倒幕」，排出了迫切順序。倒幕派相信要想對抗西方，應該先推翻無能的幕府政權，而且不必擔心幕府垮臺會造成動亂，有比幕府地位更高的天皇可供依恃。

「尊王倒幕」先在下級武士間鼓動，接著吸引了幾個「強藩」參與。這幾個「強藩」基本上都位於距離江戶較遠的地區，有穩固的經濟基礎，得以具備較高的行動自主性。

初期表現得最積極的是長州藩，但「公武合體派」[2]發動政變將長州藩勢力逐出京都，於是長州藩一度發動「禁門之變」，該藩武士準備衝進京都御所將天皇劫出來，讓天皇不受德川幕府控制。結果行動失敗，他們連夜在京都亂竄，引發了最終燒毀兩萬八千間房屋的大火災。

如此大亂逼得德川幕府不得不出手懲罰，對長州下達「討藩令」，要求各藩出兵聯合攻打長州。全國大部分強藩都配合動員「討藩」，只有九州的薩摩藩舉棋不定，成為當時岌岌可危的長州藩僅有可能的盟友。

在當時的封建組織中，薩摩藩實力強大，具有舉足輕重的地位。在土佐藩「脫藩武士」坂本龍馬和中岡慎太郎居間奔走下，竟然促成了「薩長聯盟」，於是情勢一下子逆轉，不只長州藩轉危為安，而且換成德川家陷入難以解脫的困境。

封建制度下武士都是效忠於領主的，除非犯了錯被領主趕出來，如果還找不到新的領主願意收留、給予身分，就成為「脫藩武士」。脫藩武士一般也稱「浪人」，表示失去了地位，也就失去了土地、收入，甚至失去了最基本的人身保障。他們必須到處流浪、尋求生路，一旦遇到其他正規的武士，別人可以將他們視為入侵威脅，不只予以驅逐，還可以取其性命。

2 「公武合體」指的是孝明天皇之妹和宮親子內親王與幕府將軍德川家茂聯姻，藉此將朝廷（公家）和幕府（武家）聯合起來，壓制「尊王攘夷」勢力，避免幕府倒臺。

坂本龍馬最特殊之處，就在他是一位自願脫藩的武士。他擺脫舊體制的約束，即使冒著朝不保夕的生命危險，都要離開狹小的封建空間，期望創造自己都不是那麼清楚的某種時代大事業。結果他真的憑藉浪人的自由身，得以遊走、遊說各方，成就「薩摩聯盟」，改變了這段時間的日本歷史。

坂本龍馬代表了那個時代躍動的新精神，他從脫藩到遇刺身亡，幾年內彗星般的崛起，創造了難以磨滅的傳奇。

德川家的「討藩令」效力被「薩長聯盟」消解了一大半，僅存的一部分又因當時的藩主德川家茂突然去世而瓦解了。才二十一歲的德川家茂在出征過程中病死，經過一番忙亂，德川慶喜接位，改變了原先要懲罰、壓制長州藩的計畫。

06 倒幕內戰的臨界點與「大政奉還」

原來的「薩長聯盟」不久之後又有另一個強藩土佐藩加入，讓「討藩」戰役更不可能成功。德川慶喜於是退而尋求改善幕政。

到這時候，西方勢力進入並影響日本已經十年了，不同國家由於日本現實政治的分歧，產生了不同的關係。和德川幕府交情最好的是法國人，他們建議幕府應該交由法國人主導來建立新的軍隊、新的制度，以改革幕政。德川慶喜基本上接受了這項改革計畫，但和法國人溝通合作沒那麼容易推動，反而拖延了改革的速度。

就在「三藩同盟」壯大並挑戰德川幕府的過程中，又發生一件偶然的大事——當時在位的孝明天皇因為染了天花而病逝。在那個還沒有抗生素可用的時代，病毒的感染會變得很嚴重，以至於清朝皇室在選擇繼位皇子時，都要特別考慮選已經出過痘子的，因為從經驗知道那樣就取得了免疫，得以避開對當時的醫療來說極難救治的病症。

不過孝明天皇在局勢最緊繃時去世，引發了另一種陰謀論的傳言，說他是被朝中的一位強硬派、主張「王政復古」的大臣岩倉具視毒死的。因為孝明天皇的態度太過軟弱，對幕府一直保持退讓。

陰謀論甚囂塵上，後來還留在歷史記錄中，其中一個重要因素是孝明天皇去世、睦仁太子即位後，的確由強硬派取得了主導地位。新天皇一即位，就頒發了一份相當可疑的詔書，直接下達命令給長州藩和薩摩藩，要求他們討伐德川幕府。這份詔書的時機不太對，格式也不太對，表達對象的方式也和傳統上有出入。這很可能不是出於新天皇自己的意志，而是強硬派等不及了，要把握時機收拾德川家。

其時為一八六七年，看起來日本已在爆發大內戰的臨界點上。此時位居四國的強藩，即坂本龍馬原來的領主——土佐藩，成為雙方力爭拉攏的對象，也被視為左右戰爭勝敗的關鍵力量。經由前土佐藩主山內豐信的居間折衝斡旋，竟然在極短時間內，促成了一份神奇的協定，讓德川幕府接受「大政奉還」，也就是放棄原有的專政權，退居天皇之下，取消了存在近八百年的幕府統治權力。

一八六八年，睦仁太子即位後改元「明治」，接著遷都東京。必須將政治權力中心搬到德川家的根據地，才能真正解決二元結構。儘管在當時這個決策倉促了些，也有相當的風險，不過從歷史上看，的確有效地避免了東京和京都仍存在兩個政治中心的情況，讓「明治維新」得以順利展開。

德川家同意「大政奉還」時，還盤算著認為可以在二元結構中保存一定的政治實力，沒想到朝廷立即展開遷都，諸強藩的人才與勢力都隨著天皇進入東京。在政治上，東京被徹底改造，不再是以前由德川家打造的那個江戶了。

部分心有不甘的德川家臣憤而反叛，發動了「戊辰之戰」，擁護天皇的強藩在戰鬥中形成團結陣線，打勝了這場戰爭，天皇在東京的地位更加鞏固。

07 「五條誓文」的核心共識與政體西化

「大政奉還」後日本經歷了一年多的動亂，中間還曾在北海道出現過由榎本武揚建立的「蝦夷共和國」，是日本歷史上唯一的共和國，一度獲得美國、英國、荷蘭、俄羅斯等國的承認。

這一年多的動亂最大的意義在於造成了護衛天皇的強藩和反對天皇的勢力兩敗俱傷，都耗失了大量元氣。大家都沒有條件再動武打仗的情況下，願意以「列藩會議」的協商方式安排國家的未來。

「列藩會議」訂定了「五條盟約」，後來改為「五條誓文」，這中間的差異深具意義。「五條盟約」的主體是各個藩國，大家彼此同意訂定共處的原則；「五條誓文」卻是大家共同向天皇發誓，以天皇作為彼此信守承諾的保證，服從天皇轉而變成諸藩信守原則、保持和平的基礎。

這五條誓文的內容是：

一、廣興會議，萬機決於公論。

二、上下一心，共展經綸。

三、文武一途，下及庶民，各遂其志，以使人心不倦。

四、破除舊有陋習，以天地公道為依歸。

五、廣求知識於世界，大振皇基。

第一條確認日後的集體領導與共識決議模式；第二、第三條關鍵在於尊重各方既有差異，不強求一致，也就是所謂的「一君萬民」，統合差異、多樣人民為群體的，倚靠的是唯一的天皇。第四、第五條則表示「天皇制」的至高地位，成為日本人最重要的信仰根基，在這個穩固的基礎上，必須廣泛地對外開放追求知識，以世界新知來取代、改革傳統的積習。

從「五條誓文」取得的共識，接著展開了中央政體的改革。這個時候有三本書發揮了最大的影響。第一本是福澤諭吉寫的《西洋事情》，第二本是美國人裨治文（Elijah Coleman Bridgman, 1801-1861）介紹美國制度的《聯邦志略》，第三本是孟德斯鳩（Charles de Secondat, Baron de Montesquieu, 1689-1755）的《法意》，後面兩本是翻譯的。

改革後的政體與原來的傳統制度有著截然的差別。在新制度中，設立「太政官」做為權力的中心，在他之下有「立法」、「行政」、「司法」三項分支。立法官不得兼任行政官，行政官不得兼任立法官，但如果行政官臨時出缺，或是出外使節，可以由立法官兼任。也就是原則上立法與行政要區隔開來，在官職派任上不得混雜。

在各府、各藩、各縣拔舉議員，設立議會來推行輿論、公論。另外要建立官等，不同職任的輕重區辨清楚，有上下秩序，避免官員輕舉妄動。還要區分公與私，在職官吏不可以在家中和人私議政事，有問題要循公共管道取得決定。

還規定所有的官員都由選擇產生，當然不是人民普選，而是官吏之間彼此互選以決定誰擔任什麼職位。官員有四年的任期，不過可以有最多兩年的交接彈性期間。

這樣的改革很明顯是大量引進西方制度，努力學習西方的政治運作安排。又因為在此時期，西方發生最重要的大事是德意志的統一，同樣作為新立制度的政體，而且都以皇族為政治骨幹，和曾經發生弒君事件，實施過共和的英國、法國不一樣，所以日本人自然地以德國為最主要的模仿對象。

有德國的前例提供了大部分的答案，讓日本的政體西化改革更容易、更快速。這段時期日本的變化速度驚人，快到連參與其中的人都沒有時間好好思考、計畫接下來到底要做什麼。他們應對的方式經常是遇到任何情況或問題時，就看看西方國家——尤其德國——是如何處理的，然後知其然而不知其所以然地進行模仿拷貝。

看到西方列強都有殖民地，後起的德國在這方面也急起直追，日本就訂定了也要擁有殖民地的計畫，並且在甲午戰爭之後得到了臺灣。剛得到臺灣時，他們其實並沒有完整的概念要如何經營殖民地，更沒有明確計算過到底建設、管理殖民地要付出多高的成本。如此才會在取得臺灣沒多久，便因膨脹的殖民地預算費用，而在國會出現了認真要將臺灣轉手賣掉的提議。

日本的「明治維新」依循人類歷史上少見的變化步調進行，卻能夠維持明確的方向完成改革與建設，一部分的原因就在當時的主事者下定決心要徹底模仿西方。封建剛結束時聚攏而來的這群人，他們彼此間的個性與價值觀有著很大的差距，卻都統合在「和魂洋才」的原則下一起被推著往前走，來不及停下思考，更來不及提出深刻的懷疑與反對。

在政治方面，幕府被打倒了，連帶地過去的傳統做法都失去了正當性，而在「尊王」熱情中抬舉起的天皇在傳統上是空洞的，沒有權力上的具體內容。如此使得日本在政治上的保守勢力無從託身，開放了很大的空間供西方制度進入填補。

08 「和魂洋才」的主導作用與版籍奉還

受到西方強烈衝擊，敗於西方的武力，對於西方產生忌憚與恐懼之感，在這方面，日本和中國有著同樣的經驗。不過接下來在引進西方事物，尤其制度與思想方面，日本就和中國大不相同，在接受的速度上比中國快得多了。

根本的理由之一，是天皇與幕府的二元政體既帶來了巨大的恐慌與疑惑，卻也提供了較為寬廣的調整運作空間。一個既有的政權在西方強大衝擊下迅速瓦解，但還有天皇制可以作為後盾，一方面不至於立刻陷入失序狀態，另一方面又有懲於幕府的徹底失敗，產生了必須全盤改革的強烈危機感。而且天皇原本並沒有權力，在實質權力上是空的，也就沒有那麼多必須被掃除的既得利益勢力，使得改革推動容易多了。在這裡，既沒有發生政權瓦解後的社會脫序，實質上又能在政治領域中得以從頭來過。

日本改革中出現的主導觀念是「和魂洋才」，強調新一代的日本人應該保有日本靈魂，然後積極學習西方的先進技能。這樣的口號乍看之下和約略同時期在中國喊得響亮的口號「中學為體，西學為用」非常類似，然而仔細比對這兩個觀念、兩種口號的強調重點，卻能察覺到很不一樣的作用。

「和魂洋才」重點在於以「和魂」來保證日本人不會因為學了「洋才」就忘本成為洋人。把握內在的靈魂不迷失，那就可以放膽去學習西方。而如何保證「和魂」之存在？這樣的精神信仰層次問題，很早就被高度政治化，凸顯「神道」和「天皇制」為日本獨一無二的特徵，所以只要保持對天皇的信仰，就是維持住「和魂」。如此抬高了天皇的地位，但同時也解放了當時日本人模仿、引進西方文化的自由。

這說明了日本人為什麼能快速改頭換面，從服飾到住屋到政治運作都激切地模仿西方；也說明了半個多世紀後，當日本在第二次世界大戰中戰敗，為什麼「保留天皇制」會是那麼重要的議題。因為他們已經習慣以信奉天皇為「和魂」的表現，沒有了天皇，不只是單純失去政治與權力中心而已，而是會讓大部分的日本人突然失落了樹建自我的根底。沒有天皇制，他們就不知道自己是誰，集體的精神核心在哪裡了。

反觀「中學為體，西學為用」，在中國成為區分、限制引進西方文化的標準。一切和「體」有關的，從思想到禮儀到政治制度，都必須維持中國傳統，只有在此之外的其他技術，才適合從西方引進。

明治時期開展了轟轟烈烈的「文明開化」運動。在政治方面，由最大的四個藩國（薩摩藩、長州藩、土佐藩、肥前藩）帶頭，於明治二年進行了實質取消封建制度的「版籍奉還」。原本每一位藩主底下都有屬民，現在他們放棄對這些屬民的統治權，將記錄他們人身與土地的資料還給天皇，象徵將所有的人民從封建枷鎖中解放出來，讓他們都成為天皇的子民。

四大藩帶頭，其他較小的藩主沒有條件不跟進。四大藩在天皇朝廷有他們的影響力，就將收回來的人民與土地，編成八府、二十六縣與二百六十二藩，對於這些藩主（大名）就派他們擔任原先領地的地方首長（藩知事）。所以一時的現實情況是，舊藩主不會有被剝除權力與財源的感覺，自己仍然能夠統御原來的人民，還多得到天皇新賜封的貴族身分。

不過新的貴族身分沒有土地與財富，而新的地方行政制度中，朝廷有權隨時撤換地方首長。到了明治四年七月，為了讓政令歸一能夠名實相符，更進一步執行「廢藩置縣」，將舊藩主強行遷居東京，地方改設為三府、三百零一縣，十一月再完成撤廢合併，成為三府、七十二縣。封建至此徹底瓦解，中央握有可以貫徹到地方的行政實權。

09 從鐵路、學校到銀行看「明治維新」

在國民開化改革方面，明治政府給予所有人民執業自由，將過去封建社會中職業與身分結合、乃至職業世襲的制度打破了。另外以積極的交通建設，一方面落實中央對地方的掌握，另一方面創造人民移動自由的條件。

到一八九一年，差不多二十年的時間裡，日本已經建成初步的全國鐵路網，包括八百多公里的公營鐵路，和一千八百公里左右的民營鐵路。

此外，一八七一年開始改革郵政，設立電信通訊，剛開始僅限於公家使用，到一八七八年開放民間使用。有線和無線電報的利用，後來在甲午戰爭中發揮了極大的功能，從傳遞、應對在中國探知的軍情到部隊調度，都能夠更快速靈活。

一八七二年，也就是明治五年，當時頒布的「教育令」就已經訂定初等教育義務制，要求每一個日本小孩都要受教育，這是從德國學習過來的。關鍵在於讓所有小孩都能上學的學校在哪裡呢？因而「教育令」牽涉並帶動了興建學校的龐大工程。依照計畫，必須在全國廣設五萬三千七百所小學。

五萬三千七百所！這麼多學校要怎麼設立？剛開始是用一種不太負責任的方式，強制每一個村鎮，如果有超過六百個小孩就要想辦法開辦小學，地方自己找資源，照自己的條件先辦了再說。這樣的規定在地方上當然會遇到消極或積極抵抗的情況，所以剛開始進度快不起來，一直到一九二〇年代，全日本的小學數量才真正達到五萬三千七百所。不過甲午戰爭爆發時，日本已經有了六千所新式學校，這還是很驚人的成就。

一八七二年還設立了國立銀行，引進西方的貨幣制度以統合日本商業活動及所需的建設資源。這在政府財務管理與資源運用上發揮了極大的作用，而且改革後的現代國家財政觀念，直接影響到甲午戰爭後日本對中國提出割讓臺灣的要求。從學習西方經驗中，日本人發現在國家資本運用上殖民地的重要性，於是刺激產生了也要經營殖民地的高度動機，並選中臺灣為對象。

一八七三年，明治政府又做了一件從日本傳統上看極其激烈的改革，那就是廢除「禁制基督教令」。德川幕府時代曾經嚴格地禁止基督教，嚴酷地迫害基督徒，到此全部廢棄，排除了和西方進一步交接聯繫的主要障礙。

很短的時間內，日本快速改革，這些做法便是通稱的「明治維新」。

10 以西方帝國主義式的侵奪對付朝鮮

明治元年（一八六八年），日本人才剛解決內部政治結構問題，就忙不迭地藉著他們受到西方衝擊所得到的經驗與教訓，用來對付鄰近的朝鮮——日本要求朝鮮開國通商。

此時朝鮮的實質主政者是宣興大院君（朝鮮高宗之父），他是個守舊的傳統派，基本態度拒絕改變。然而在日本愈來愈強硬的壓力下，抵抗了幾年，朝鮮還是不得不和日本簽下了「江華條約」。

一八七六年的「江華條約」主要規定：第一，朝鮮是自主之邦，與日本彼此待以平等之禮；第二，朝鮮國政府得派使臣到日本，直接與日本外交當局商議有關兩國事務；第三，朝鮮開放釜山、元山、仁川三港通商；第四，日本得以在朝鮮首都派駐公使，在通商港常駐領事；第五，居住在朝鮮的日本人享有治外法權；第六，日本人得隨時測量朝鮮國海岸，以安定航路；第七，准許日本人在指定港口租地造屋，並得以租借朝鮮人民的住宅。

這樣的條約內容多麼熟悉啊！這就是西方人和中國交涉過程中形成的不平等條約項目，後來整套挪去逼迫日本接受，現在日本人又拿來對付朝鮮。

這當然是不平等條約，但條約開頭竟然特別強調朝鮮和日本之間是平等的？其實「平等」是假，真正重點在於認定朝鮮是「自主之邦」，以「自主之邦」的地位和日本簽下這份條約。這是要將朝鮮拉進「列國秩序」中，更重要的，要改變、取消朝鮮原本作為清朝屬國的身分。因而「江華條約」雖然是朝鮮和日本兩國所簽訂的，卻直接影響到朝鮮和中國的關係。

「江華條約」簽訂後，朝鮮內部政局就形成了彼此激烈鬥爭的兩派：一派是以宣興大院君為首的保守派，重視和清朝之間的關係；另一派是閔妃（即「明成皇后」）的堂兄閔謙鎬所領導的獨立黨，要求改革開國，也就在立場上傾向日本。

兩派激烈衝突，到了一八八二年，發生了「壬午兵變」，又稱「第一次京城之變」。事件本身是閔謙鎬等人長期剋扣軍餉，引起京城士兵不滿，保守派便煽動士兵叛變，繼而襲擊日本大使館，造成別技軍的日本教官傷亡，日本大使花房義質經由英國人的協助才得以逃回日本。於是日本以保護在朝鮮的合法權利為由決定出兵，朝鮮無力抵擋，只好被迫簽訂「濟物浦條約」，日本獲得了駐兵權。

然而就在日本出兵時，清朝也派出軍隊進入朝鮮。清朝的態度是作為宗主國去協調「日朝衝突」，讓朝鮮恢復秩序的。依照宗主國的思考，認定釀成亂事的主要源頭是宣興大院君，就將大院君扣押送到中國，軟禁在保定，不讓他回朝鮮。

這樁事件反映出多重的混亂。日本以西方列國秩序的架構對待朝鮮，要藉由將朝鮮拉進這套架構中，來達成以條約侵奪朝鮮利權的目的，也就是西方帝國主義式的收穫，這是他們在短時間內從西方列強那裡學習模仿來的。但同樣介入朝鮮事務，中國卻仍然抱持「天下觀」，不只將朝鮮視為屬國，連日本也當作另一個屬國，帶著天朝中心的傲慢輕忽態度來處理「屬國紛爭」。

傲慢輕忽的態度也就使得清廷沒有認真了解朝鮮的現實狀況，純粹從表面判斷對待，反而大幅削弱了朝鮮親中的勢力。挾持大院君到中國，當然大有助於親日的獨立黨坐大。

11 干涉朝鮮引發清朝和日本的正面衝突

「壬午兵變」時，清朝派遣淮軍將領吳長慶為朝鮮事務大臣，之後便駐兵朝鮮。到了一八八四年，又發生了「甲申政變」，或稱「第二次京城之變」。事變之後，簽訂了兩個條約，一個是朝鮮和日本之間的「漢城條約」，另一個是日本和清朝之間的「天津條約」。

甲申年間，原來的獨立黨舉事攻擊由大院君勢力脫化出來的事大黨，殺了好幾位事大黨的重臣。日本立即出兵，趁機劫持了朝鮮國王。清朝駐紮在朝鮮的軍隊也由袁世凱等帶兵攻入京城，協助事大黨平亂，於是引發了日本和清朝之間的正面衝突。

所以事件平息之後要分頭處理。「漢城條約」處理日本和朝鮮的關係，朝鮮承諾賠款十三萬銀元，並謝罪懲凶。「天津條約」則收拾清朝和日本的衝突，其中規定：簽約後四個月內，雙方軍隊退出朝鮮；今後雙方皆不得派員到朝鮮擔任軍事教官，不得以任何形式干預朝鮮軍務；將來再遇到朝鮮有事，雙方同意出兵前必須行文照會對方，而且一旦事件平定後便要撤兵，不得藉口留駐。

「天津條約」中的第三項約定，是後來一八九四年爆發「甲午戰爭」的直接導因之一。一八六〇年代，在朝鮮興起了「東學黨」，他們不是一個政黨，而是由原本的宗教組織轉化為民間的反抗運動。叫做「東學黨」，源自「興東學、排西學」的口號，主要的訴求是反西化，也就是帶有高度傳統保守精神的民粹運動。

這股力量從朝鮮半島南方的農村中興起，反對並破壞所有和西洋有關的事物。到一八九四年，運動燎原甚快，直接對當政的事大黨構成威脅，於是他們向清朝求援。李鴻章便派了水師提督丁汝昌、直隸提督葉志超帶領一千五百名士兵及兩艘艦艇前往。基於中日「天津條約」規定，同時發文通知日本。

於是日本也隨即出兵。原本是朝鮮政府與東學黨之間的事故，突然就扯進了日本和清朝兩大勢力。東學黨其實根本未成氣候，變亂很快就被平定了，但因為東學黨之亂而進入朝鮮的兩大勢力，卻引發了遠比東學黨之亂更嚴重的對峙緊張。

還是按照「天津條約」規定，事件平定後雙方軍隊不得藉故留駐，所以清朝先撤軍，卻發現日本並沒有同時撤軍。清廷於是要求日本撤軍，並威脅如果日本不撤退，清朝軍隊會再度進入朝鮮。日本的回覆沒有直接答應撤軍，而是警告：如果清朝軍隊要再進入朝鮮，必須依照條約重新照會日本。

清朝軍隊回到朝鮮，日本就在國內徵兵，派來更大規模的軍隊。緊張局勢大幅升高，再也無法降溫了。

從歷史上看，最關鍵的是，之前日本推動「明治維新」這三十多年間，中國政府與中國社會都沒有注意到鄰近這個國家的快速變化，更無法察覺到了一八九四年，日本早已醞釀、並有準備要與中國一戰。而日本的擴張準備，其中一部分原因是他們不只積極且近乎飢渴地模仿西方、大幅改革，同時也持續關注中國的情況，確知中國仍然處於對於西化改革三心二意的狀態中，仍然是西方勢力可以不斷欺壓侵奪的弱者。

兩者之間不只是改革的進度天差地別，而且在改革過程中產生了最巨大的一項差別——日本已經充分掌握中國情勢，相反地中國對新興的日本幾乎一無所知。

12 戰前對日本一無所知，戰後掀起日本熱

甲午戰爭開戰，在中國這方面，是個近乎盲目的決定。清朝政府不知道日本有多少海軍艦

艇，還有從哪裡得到這些艦艇，艦艇上有哪些配備。清朝意識到西方「船堅炮利」而發動軍事改革時，也從來不曾以日本作為假想敵，預備過與日本打仗可以獲勝的構想。

戰爭爆發之前，因為要為慈禧太后建頤和園，將海軍經費挪過去使用，清廷只好停止新購艦艇。日本人認真研究過中國軍備，發現中國海軍配備停滯不前，便趁機買進能夠對治中國海軍的艦艇。他們決定不在總噸數上挑戰中國，而是選擇了最新型的小型艦艇，有更高的行動力，配置可以發射更快的火炮。

如果從總噸數上看，甲午戰爭爆發時，中國海軍的規模在全世界可以排到第六名，勝過日本。但這些艦艇都有至少十年以上的年齡，偏偏在這十年間，新的造船與火炮技術已經創造出新一代的戰艦與戰法。中國完全不知道在自己停滯的這十年間，日本人買了多少船、買了哪些船。換句話說，當甲午戰爭戰敗時，中國甚至還沒有概念，將自己打倒的這個敵人究竟是誰，是如何具備這份力量的。

在中國的概念裡，日本還是原來的那個日本，位於中國的邊緣而理所當然作為屬國存在，不需要認真理解也知道一定不會有挑戰宗主國、遑論勝過宗主國的能耐。但這個刻板印象以最戲劇性的黃海海戰硝煙給打破了，於是產生的不只是戰敗的沮喪，還有更強烈的震駭與疑惑。

甲午戰爭之後，反而在戰敗的中國掀起了「日本熱」。照理講，這是和日本關係緊張、甚至應該最仇視日本的時期，然而中國青年開始大批湧向日本留學，進而轉手日本的西方知識以空前的速度和幅度流入中國，創造了下一個階段中國學習西方的基礎與動力。

這樣的轉手知識，和之前由「同文館」中洋人孜孜矻矻、辛苦翻譯西學的成果大不相同。首先，因為有了大量運用漢字的日本為中介，像從來沒有學過日文的梁啟超在「戊戌政變」後流亡到日本途中，從上了船就能夠憑其聰明，連結書上的漢字讀日文書。[3]西方知識因而快速地被拉近，不再需要跨越那麼大的語言距離就能夠吸收。

其次，這樣的知識是經過日本人選擇過的，而且被視為他們得以運用來有效富國強兵的手段，刺激了中國青年更積極的學習態度，也必然產生更大的衝擊。

一八九八年先有「戊戌變法」，又有變法圖強硬是被中斷的「戊戌政變」，更升高了中國人到日本留學的熱潮。很快地，日本成為受挫折的改革派，以及更不見容於清廷的新興激烈革命派的海外集中地。不論是「改革」與「革命」的路線爭執，或各方陣營的合縱連橫，從此都離不開日本。日本實質上成為這段中國歷史的積極參與因素。

3　梁啟超在《飲冰室合集》〈論學日本文之益〉一文中曾說：「學日本語者一年可成，作日本文者半年可成，學日本文者數日小成，數月大成。」又進一步分析：「日本文漢字居十之七八，其專用假名，不用漢字者，惟脈絡詞及語助詞等耳。其文法常以實字在句首，虛字在句末，通其例而頭顛倒讀之，將其脈絡詞語助詞之通行者，標而出之，習視之而熟記之，則已可讀書而無窒閡矣。」

第三講

李鴻章與
漢人封疆大吏

01《李鴻章全集》：清朝的重要事件縮影

二〇〇七年，大陸安徽教育出版社整合了國家歷史博物館、上海圖書館、復旦大學圖書館等處收藏資料，新編了《李鴻章全集》，一共有三十九冊，總字數約有兩千八百萬字。

讓我們這樣算一下，李鴻章活了七十九歲，從二十五歲中進士到去世為止，有五十多年的時間，將兩千八百萬字除以這段時間的總日數，得到的是平均每天書寫將近一千五百字。

我還記得當年李敖辦《千秋評論》，那是他的「一人雜誌」，一個月出一本，基本上每一本從頭到尾都是他自己寫的。

李敖既自豪又感慨地說，和他相比，中國的文人都太懶惰了！他舉了一般認為算是多產的作家梁啟超、胡適為例，表示平均下來，他們每天寫的字數都很有限。如果勤勞一點，持之以恆，每天寫個兩、三千字，一個人一個月寫出一本書哪有什麼奇怪的？

李敖沒有提到李鴻章，他可能沒有注意到李鴻章留下了這麼龐大的文字資料，他可就沒辦法說李鴻章偷懶了。一來李鴻章一輩子在官場，有那麼多事務要處理，竟然還能寫出在數量上不比李敖這樣的專業文人少的文字；二來，李敖的文章裡有一些是他抄來，有時甚至是剪貼來的資料，而且寫的還是白話文，不像李鴻章寫的一字一句都是文言文。

李鴻章怎麼會有這麼多文字留下來？《李鴻章全集》裡到底都收錄了什麼樣的內容？首先，李鴻章不是文學家，不會有什麼重要的文學作品。《全集》中最多的是奏摺和各式官方文書，上呈給皇帝的報告或建議，以及對不同機關提出的不同請求等。另外還有一大部分是書信，包括後來所拍發的電報。

光是看這些奏摺、文書與信件、電報，我們可以有把握地說，從太平天國軍興，一直到他去世的一九〇一年間，清朝發生的重要事件都可以在他的《全集》中找到相關文件。李鴻章在這段時間中有著無人可敵、更無人可取代的重要地位。

02 清政府最突出的特色就是沒有政策

認真地說，李鴻章留下來的兩千八百萬字，當然和梁啟超、胡適留下來的文集內容不一樣，雖然都是以他的名義交出去給皇帝看、給相關單位看、給朋友或敵人看，但真正出於他自己手筆的比例恐怕不高。長期以來，在他身邊圍繞著眾多幕客，這些幕僚、下屬負責幫他草擬文書內容，經他過目之後，甚至也幫他抄寫成篇。

必須有這麼多的幕客幫忙寫這麼多的文字內容，又可以從另一面映照出當時大清帝國官僚系統的根本問題。和現代政治體系運作相比，清朝政府最突出的特色、最突出的欠缺就是——沒有政策。

今天任何一個政府要執行政務，首先一定得要擬定政策，才能讓上上下下有所依循。不管是以「五年經建計畫」或「國政諮言」或「黨代表大會決議」等各種方式表現，那都是宣告政府所做的決定，既是對人民的交代，也是對官僚組織的要求、推動。

仔細看一下李鴻章龐大的奏摺和書信，對比之下就能明白，為什麼清廷在巨變中無法運轉，更不可能像日本那樣進行改革？清朝有由上而下的權威，卻沒有由上而下的行政體系。意思是皇帝和朝廷當然高高在上，但皇帝和朝廷卻很少決定要做什麼事。

為什麼會有那麼多奏摺？因為基本上皇帝、皇權是被動地等在那裡，聖旨、聖諭主要是回應臣下的報告與請求的。要做什麼事，都由臣下提出，而擁有最高權力、位居中心的人，只負責表示同意或不同意。皇帝不同意，那就當然不能做；就算皇帝同意了，也只同意奏摺中提到的具體事務，而不是訂定為原則性的方向或政策目標，讓官僚體系能夠遵行推動。

各級官員都有他們的職權範圍，只能在職權內提意見、提要求，他們沒有權力可以自己做決定，也沒有權利在職權外提要求。於是大大小小的事都必須上奏，得到皇帝同意或不同意的判斷。這種情況在光緒朝變得更嚴重。皇權掌握在慈禧太后手中，她卻不可能擁有皇位，她的身分必然使得她對於朝廷以外發生的事比一般皇帝要來得隔閡、疏遠，在行使皇權時就更被動。

李鴻章留下諸多奏章，因為那麼多事都和他有關，每件事他都必須問，必須尋求同意。政治運作上不只沒有充分授權，而且缺乏由上而下的明確指示。遇到如此激烈變革的時局，清朝的政治體制格外無法應對。

只有一八九八年（光緒二十四年）的「百日維新」中，在康有為等人協助下，親政的光緒皇帝集中在短時間內發布了眾多命令，那是極少有的由上而下積極領導的局面。但也正因為這種做法違背了皇權的長期行使方式，讓這段轉折變化如此短命。

另一方面，李鴻章留下的巨量書信，大部分都不是朋友之間請客酬答的，其實際功用往往是聯繫和協調官僚系統中的不同部門。要推動一件事，可能需要先上呈五份奏章，終於取得上頭同意，然後必須再來來回回寫十幾封信，給相關單位的主事者交代、叮囑。一切溝通的主體停留在人與人之間，缺乏有效的部門與部門間的合作模式，這樣的政治管理當然非常沒效率。

03 處理八國聯軍亂局的第一人及其策略

從這些文書資料，看得出來在那個時代李鴻章有多重要，他又有多辛苦。

影響清末全局最關鍵的兩個條約——一八九五年的「馬關條約」和一九〇一年的「辛丑和約」，都是由李鴻章代表簽訂的。一九〇〇年（光緒二十六年）八國聯軍入侵，八月十四日（農曆七月二十日）攻入北京，光緒皇帝和慈禧太后倉皇從北京奔逃到西安，近乎要面臨朝代傾覆的危機。然而在更早之前的六月十五日，就以皇帝的名義發了一道從帝國體制上看來很奇怪的詔令——電召李鴻章迅速回京。

奇怪之處在於李鴻章當時的官職是兩廣總督，在北京有那麼多處理中央事務的朝廷京官，尤其主管外交的「總理各國事務衙門」當然就在北京，怎麼會特別去找一個在最南方、離北京那麼遠的地方官？

更進一步看，這時候李鴻章不只年事已高，而且看起來在世代交替中已處於失勢的情況。早在一八七〇年（同治九年），整整三十年前他就當上了直隸總督兼北洋大臣，現在卻被外放到廣州去。甚至在他接任兩廣總督之前，有一段時間他身上只留有一個空頭銜——負責視察河政。七十多歲的老人還要在天寒地凍中去巡勘黃河，多糟的差事啊！

視察河政之前，李鴻章還曾經因為「擅入圓明園」而遭罰俸一年。本俸在官員收入中不是那麼重要，關鍵是他去已經被燒成廢墟的圓明園做什麼呢？

他一生中第一次出國，是到日本談判簽訂「馬關條約」，當然不是什麼愉快的經驗。第二次出國相對要風光多了，他以特使身分到俄國出席俄皇加冕典禮，然後遊歷了德國、荷蘭、法國、英國，再到美國，並且完成了主要任務——簽訂「中俄密約」。這是樁大成就，至少李鴻章自認為靠著這項條約可以為中國換來二十年和平。於是從歐美返國後，他去憑弔圓明園，告慰這樣的破壞應該可以不再發生。這當然是件小事，會被公開罰俸，顯現出慈禧太后對他的不滿，部分原因就在於李鴻章的歐美之行得到優渥禮遇，故意要挫挫他的威風。

中間經過了「康梁變法」到「戊戌政變」，朝政大翻攪，到了一九〇〇年，李鴻章的官途在谷底徘徊，眼看就該告老還鄉了。六月十五日突然召他入京，而李鴻章的反應是找了各種藉口不斷拖延。拖到七月十七日才從廣州出發，而且還不直接到北京，先去上海，在上海又病倒了，旅程無法繼續。

在這過程中，清廷將他從兩廣總督調任直隸總督兼北洋大臣，催他盡速到任。但他仍然拖到十月十一日才抵達北京。

也就是說，李鴻章實質上有將近四個月的時間不受命。他為什麼要這麼做，又為什麼敢這麼做？因為他要報之前清廷羞辱他的仇，而他確認此刻的清廷完全拿他沒辦法。有資格可以和外國進行交涉的，都是李鴻章的班底；另外，真的也只有他有辦法處理這麼一場亂局。

其實從釀成「八國聯軍」大禍時，李鴻章就已經看出來要如何爭取對中國最有利的條件。靠著他長年辦外交的經驗，他鎖定了要從美國、也只可能從美國得到援助。在當時美國總統麥金利（William McKinley, 1843-1901）的檔案中，找到了一份奇怪的文件，那是光緒皇帝親筆簽署的國書，經中國駐美大使伍廷芳呈交給美國政府。國書中以光緒皇帝的名義對美國總統解釋在中國到底發生了什麼事，而此事件將給中國帶來多大的影響，請求美國出面在中國與列強之間扮演協調的角色。

會說奇怪，因為這是之前不曾有過的做法，從來不曾有過以中國皇帝名義向外國元首遞交國書的。中國一直沒有完全接受列國秩序，就反映在長期堅拒讓中國皇帝和西方元首平等互動。

更奇怪的是，國書中光緒皇帝簽署的日期，是伍廷芳大使遞交給美國的前一天。怎麼可能前一天光緒皇帝才在中國簽字，後一天文件就到了美國？史家唐德剛分析這份文件，判斷文件是伍廷芳假造的。伍廷芳怎麼會如此大膽？因為這時候整個局勢是李鴻章說了算數，而伍廷芳曾是李鴻章重要的幕客，這份文件背後貫徹的不是皇帝或太后的意志，而是李鴻章的意志。

從這次「庚子事變」的處理上，我們會發現這封國書的存在至為關鍵。關於事件的處理，後來訂定了兩項原則。第一，是將中國的南、北方分別對待。在列強和北京談判前，南方各省已經先表明和朝廷劃清界線的態度，取得了列強軍隊不侵犯南方的默契。這項「東南互保」的安排，也得到列強進一步的確認。

第二，列強同意美國提出的門戶開放政策，解除了中國必須大割地，甚至割到國不成國的迫切危機。原本的態勢是參與聯軍的各國都對取得中國領土虎視眈眈，中國沒有實力也沒有立場拒絕割地，只有在美國強調各國割地必然帶來彼此的互爭互鬥，勸列強以門戶開放的和平競爭代之，才得以說服各國打消分割中國的念頭。

這很顯然就是李鴻章的策略，以及那封來歷可疑的國書所發揮的作用。

04 放掉京官期待，投入曾國藩幕府

唐德剛研究中國近代史格外看重李鴻章，不只寫了許多和李鴻章有關的文章，還多處特別為李鴻章辯護。其中一個原因是唐德剛為安徽合肥人，和李鴻章同鄉，李鴻章是歷史上最有名的安徽人之一。

李鴻章的父親李文安和曾國藩同一年考上進士，有同榜的關係。同榜的人以當年的考官為共同老師，彼此之間也就有了同門的交情。在官場歷練時，這些同年同榜的人很自然互相拉拔，形成特殊的團體，避免單打獨鬥的不利情況。

李文安和曾國藩接近，又有兒子早慧，才二十五歲就中了進士，於是連帶著可以動用舊有的同年同榜關係來幫助李鴻章。李鴻章進入仕途沒多久就爆發了太平天國動亂，清朝原有的軍事體系經不起考驗，幾乎徹底瓦解，製造了曾國藩藉地方團練崛起的機會。

八旗、綠營軍不可依賴，地方必須組織團練才得以防衛自保，太平天國打到哪裡，哪裡就必須緊急組成團練。太平天國從廣西進入湖南，再往東就威脅到安徽。後來太平軍大舉進攻安慶，將安慶打了下來。此時李鴻章在工部左侍郎呂賢基的幕下，就建議呂賢基上奏，請皇帝下詔讓安徽自辦團練，以便圍堵太平天國。呂賢基便要李鴻章代擬奏摺送了上去，不久便獲咸豐皇帝召

見。回來之後，呂賢基大哭一場，然後將李鴻章找來。

會大哭，是因為皇帝聽進了他的建議，而且就命呂賢基去辦團練。呂賢基又氣又怕，氣的對象是李鴻章，所以一定要拖李鴻章下水，當場向皇帝請准，叫李鴻章一起回安徽。怕是怕團練真的要打仗，如果輸了必須負責任。後來呂賢基回安徽半年後，竟然真的因為兵敗而投水自盡。

於是李鴻章輾轉在各個巡撫幕下，逐漸累積了名聲，他便考慮要去投靠曾國藩。除了他父親李文安的關係外，他又央求同為丁未年進士的陳鼐替他說話。然而曾國藩遲遲不招李鴻章。陳鼐忠人之事再三舉薦，據薛福成《庸盦筆記》中的記錄，曾國藩對陳鼐表示不能用李鴻章，因為這個人滿心要在京城做官，沒有在地方做事的意識與耐心。

這段記錄很重要，讓我們看到曾國藩的特殊價值觀，對後來清朝的政治產生絕大的影響。曾國藩逆轉了中央朝官與地方封疆大吏的地位，抬高了地方官員的重要性。李鴻章少年得志，很自然將眼光放在中央，曾國藩卻要他放掉京官期待，認真地在地方當官，才願意用他。

一省的巡撫，和更上面的總督，聽起來名聲響亮，然而溯源這些官職都是軍事頭銜。總督指的是統管該地軍隊的權力，本來是有事臨時派任的，後來才在建制中固定下來。這樣的官職，地位與前途比不上朝中六部或翰林、軍機等京官。但在太平天國動亂期間，這樣的高下關係有了此消彼長的改變，而在一八六〇年（咸豐十年）左右出現了關鍵的交錯點。

也就在這時候，經陳鼐一再說項，曾國藩終於同意接納李鴻章。但沒過多久，李鴻章就得罪了曾國藩。曾國藩是一個律己甚嚴的人，他幕下的部屬都要隨他早起，和他一起吃早飯。相反地，李鴻章卻是清末最有名的兩位生活邋遢大官之一，另一位是張之洞，他們一個喜歡賴床，一個作息顛倒。

李鴻章適應不了曾國藩的嚴格紀律，[4] 一度被曾國藩趕了出去，卻又因為遇到一個大機會，改變了不同的身分關係，再回到曾國藩的幕下。

05 淮軍崛起於太平軍和捻匪的雙重戰場

曾國藩的湘軍發動有效反攻，將安徽省城安慶奪了回來。攻打安慶的過程中，李鴻章的大哥李瀚章立下了大功。李瀚章年紀較長，卻比弟弟晚入仕途，而且是透過拔貢而非廷試。曾國藩重

4 薛福成《庸盦筆記．卷一．李傅相入曾文正公幕府》中記錄這麼一則故事：「傅相（即李鴻章）入居幕中。文正（即曾國藩）每日黎明必召幕僚會食，而江南北風氣與湖南不同，日食稍晏，傅相欲遂不往。一日，以頭痛辭，頃之，差弁絡繹而來，頃之，巡捕又來，曰：『必待幕僚到齊乃食。』傅相披衣踉蹌而往。文正終食無言，食畢，捨箸正色謂傅相曰：『少荃，既入我幕，我有言相告，此處所尚惟一誠字而已。』遂無他言而散。傅相為之悚然。」

用故人李文安的長子擔任「湘軍後路糧臺」，負責後勤補給。

李瀚章在江西南昌組織了各種後勤支援管道，因而學會了如何設關卡、抽釐金，藉由抽貨物稅來籌措並供給軍事所需。太平天國進入安徽時，安徽上上下下只有四千名八旗兵，打仗防衛派不上什麼用場，但這四千人還是照樣領餉，可不能把他們的軍費挪用來練新兵、養新兵。

在湖南、安徽有各式各樣的塢，那是因應農田水利的需要築成的堤防，團練懂得如何就地取材，將塢加寬、加高，運用在自衛上。大家出力、出物、出錢辦團練打仗，朝廷不用支付經費。但是一來團練以鄉里的小單位構成，遇到太平軍流竄鑽空子就擋不住了。二來這種規模的團練只能守，不可能出擊，甚至連追剿都很難，不可能幫助朝廷扭轉頹勢。

因而到後來必須將地方團練串聯成更大的單位，如此就要有地方無法支應的資源與經費，那就要藉由設關卡、抽釐金等方式來籌措。

安慶扼住長江中游與下游的連通之處，尤其是運糧的連通管道。安慶被清朝收復，太平天國的天京（南京）食糧供應就沒那麼有把握了。如此重要的戰役，李瀚章主掌軍需供應是戰勝的主要因素。

於是除了原本父親同年的關係之外，這時又多了兄長這一層，李鴻章沒有理由不回曾國藩陣營。這次回去的時機比上次好太多了，一方面李鴻章已經看清楚時局變化，不再像之前那麼熱中於京官職位；另一方面，曾國藩有可以獨當一面的任務要派給他。

那就是去招募淮勇、編練淮軍。原本的湘軍把戰線拉得太長，在對付太平天國即將轉守為攻的轉折點上，需要新的部隊補充軍力，能夠在更東面的戰線上布局。李鴻章十分認真投入在這項工作上，三個月左右時間就編成了淮軍。

淮軍是以原本已存在的幾個大塢為基礎，串聯重新編組而成。幾個月內編成了五營大軍，分別是「春字營」、「樹字營」、「銘字營」、「鼎字營」和「慶字營」。名字都是跟隨部隊指揮官而來的，五支部隊由張遇春、張樹聲、劉銘傳、潘鼎新和吳長慶帶領。這些人原本多是在地方上領導塢堡，便順理成章納入了淮軍之中。劉銘傳在鄉里原是黑白之間的人物，被李鴻章收編入淮軍才認真讀書，後來成就了特殊的功名。

組建起淮軍，當然大幅提升李鴻章在曾國藩陣營內的地位。當清軍和太平軍在江南對峙時，又發生了「捻亂」。「捻」是淮北土話，指的是將火把捲在一起，燒成大火把進行群眾慶典的意思，慶典往往就和宗教結合。在淮北的民俗中，有大家集錢找一天燒捻子，在夜裡歡慶的做法。然而當時局動盪，又受到太平天國影響，這種習慣就變質了，成為實質上勒索的藉口。民間組構起武力，便有人以此武力為靠山，逼人家捐捻子錢。

這種區域性的強徵勒索行為，在亂局中逐漸擴大，成為「捻匪」，最主要的中心在淮北，向北往河南，向西往湖北，於是安徽的狀況更為惡劣，太平天國騷動尚未解決，又加上捻亂，是一片雙重戰場。連帶地以在安徽平亂為目標的淮軍也就愈來愈重要。

06 學習西洋船堅炮利最堅定的主張者

一八六二年（同治元年），在太平天國與清軍勢力拉鋸的關鍵點上，曾國藩決定將李瀚章派往廣東擔任督糧道。雖然太平天國從廣西起家，但接著就進入長江流域，兩廣相對是平靜的。曾國藩著眼的是進一步動員兩廣的資源以支持戰爭，要李瀚章到那裡去設關卡、抽釐金。

既然要解決未來戰爭所需的錢糧問題，很自然地，曾國藩也注意到上海。太平天國占領天京之後，一度發動北伐渡過長江，但很快因為內鬨而退回。加上此時安慶被清軍收復，在天京東邊的上海就有著特殊的戰略地位，一方面可以提供更多的戰略資源，另一方面可以對天京形成包圍之勢。

不過要穿過太平天國的占領區進入上海，可說充滿了挑戰，此時李鴻章自告奮勇接下這項任務。要前進上海，曾國藩訂下了「借洋助剿」策略，利用上海的洋人力量，協助清朝從東邊攻打太平天國。這也是李鴻章要負責執行的。

李鴻章帶領八千名淮軍，由上海的官紳籌措了十八萬兩白銀，租用外國船隻進入上海。太平天國忌憚洋人，不會攔阻外國船隻沿長江往下游航行去上海。這是李鴻章第一次切身認識外國船艦，留下了深刻印象，也體認到外國大炮的威力，形成了牢不可破的觀念——西洋兵器與武力遠遠勝過中國。

此後李鴻章就成為「洋務運動」中積極學習西洋「船堅炮利」政策最堅定的主張者，只要有機會就購買洋人的槍炮，並盡量想辦法進一步自己製造。李鴻章也很幸運有一位負責湘軍錢糧的大哥李瀚章，不論是花錢買「常勝軍」的服務或買西洋槍炮，都能得到財務上的支援。

因緣湊泊，兩兄弟一在廣東、一在上海，以特殊的方式彼此配合。李鴻章在上海成功動員「常勝軍」，果然得以包圍太平天國，先打下了蘇州。進入蘇州時，李鴻章犯了一個錯誤，下令殺了八位太平天國的降將，如此一來，刺激了蘇州旁邊的常州太平軍死守不降的決心。幸好他手上已經握有足夠的洋炮，最後強行將常州城轟開。再下常州城，更重挫太平天國。

接著展開南京（天京）圍城。南京城極其堅固，連洋炮都轟不垮，只好轉而將洋人的炸藥用在開挖地道上，仍然遲遲無法入城。此時圍在城外的部隊，最早到達的是曾國藩弟弟曾國荃帶領的湘軍，另有一支是李鴻章弟弟李鶴章帶領的。此時李鴻章一家六位兄弟都投身在軍中。

僵持不下時，大家都在等李鴻章的部隊到來，因為他那裡有最好的槍炮、最龐大的火力。但李鴻章就是遇到了種種變數，一直到不了。其實那不是軍事上的變數，而是源自政治上的考慮——他故意拖遲不到，要將攻下南京的功勞留給曾國荃。他知道他的部隊一到而打下南京，等於是搶走了曾國荃的功勞。

因而圍城之役最後的決戰是曾國荃埋了四十萬磅的火藥，終於將南京城牆炸開。本來如果淮軍到達，攻破南京城的主功就會落在李鴻章和李鶴章兄弟身上，這位二哥寧可犧牲自己的三弟，一定要成全主帥的弟弟。

曾國藩看在眼裡，明白李鴻章相讓之意，在湘軍諸將領間，李鴻章的地位相形更高了。太平天國已經收拾，接下來要全力處理「捻亂」，曾國藩就將所有的資源和責任都交給李鴻章帶領的淮軍。

07 天津教案：李鴻章主導洋務的重要起點

曾國藩是「儒將」，治軍甚嚴，但是到後來為了在戰場取勝，絕對無法一直維持這種理想，湘軍也不可能一直都是他理想中那種素樸的鄉勇，單純為了保衛家園和維護倫理而戰。

面對理想與現實的落差，在太平天國亂平之後，曾國藩決定解散湘軍。但此時仍有「捻亂」要處理，實質上仍然是原有湘軍分支的勢力，包括李鴻章和左宗棠所帶領的部隊，成為平定東、西捻的主力。

一八六八年（同治七年），捻亂大致平息，李鴻章升任湖廣總督，此時他已經建構完成穩固的地方勢力基礎，不再是眼巴巴冀望京城求官的那個年輕人了。一八七〇年，他被調派去協助曾國藩處理「天津教案」。

天津是距離北京最近的通商口岸，朝廷格外重視防備。在中國與西方列強關係愈來愈緊張的情況下，靠近「天子腳下」的天津也格外容易煽動起民族主義的情緒。一八七〇年爆發了因懷疑法國教堂拐害嬰孩，群情激憤下打死法國領事、焚毀教堂，又擴大為殺害外國人與教徒的事件，是為「教案」。

「天津教案」中有多達二十名外國人遇害，狀況非常嚴重，稍有處理不當，很可能就又引發和英法聯軍同樣的洋人兵臨北京的危機。曾國藩為保和局的審理懲處方式引來民怨非議，積勞生病後由李鴻章接手。在這裡李鴻章又表現出他特別的手腕，拿捏以不能太強又不能太弱的方式來解決「教案」。如果太強，等於在仇外情緒上提油澆火；如果太弱，又無法滿足外國人的要求。

李鴻章先訂定了一命償一命的原則，死了二十名洋人，就必須相對抓二十名禍首，施以梟首之刑，也就是公開砍頭。不過另外又在天津街頭創造了耳語，傳言其實這些被殺的都是原本就該死的犯人。他以二十個禍首和洋人討價還價，最後還放了四個，一共殺了十六個，洋人接受了，中國人也覺得李鴻章有照顧到自己人。

「天津教案」之後，李鴻章接替曾國藩成為直隸總督，不過他這個直隸總督比曾國藩的還威風，因為還另兼北洋通商事務大臣。北洋大臣與南洋大臣是清廷承受一連串挫折後，試圖建立新的外交軍事力量而創設的特任官。對於這項任務，李鴻章積極投入，因為他早已對西方的武器科技感到衷心佩服，藉著購買武器，很快地拓展和西方國家間的新關係。

一八七〇年在歐洲爆發了「普法戰爭」，普魯士崛起並打敗法國，統一了德國。普法戰爭中勝負關鍵之一是克虜伯（Krupp）軍工廠所製造的新式大炮。普魯士動員一百二十門克虜伯大炮，在決定性的戰役中轟垮了法國部隊。於是李鴻章特別著重大量購買克虜伯的軍火，一面積極構築炮臺，建立海岸防衛。

更進一步，他要打造可以將防衛推前到海上的北洋海軍。

08 清末到民國政治骨幹，多出李鴻章幕下

建立北洋海軍的方式很簡單，就是大筆大筆地花錢，買來當時能買得到的最精良船艦和武器。他能夠得到如此建軍的權力，一方面靠著新一代封疆大吏的權威，另一方面還多了在京城的內應。

李鴻章的內應就是恭親王奕訢。從第二次英法聯軍奉命留守北京、處理殘局之後，奕訢就成為清朝貴冑中最了解洋務的人，甚至還因此得了一個綽號叫「鬼子六」，意思是每天和「鬼子」打交道的六爺。

不過如果依照這個命名法，李鴻章才更該是「鬼子章」，他的身邊一直都「鬼影幢幢」，有很多洋人進出，向他提供服務、給他意見。他身邊有一位美國人，中文名字叫畢德格（William N. Pethick, ?-1902）。這個人語言天分很高，到中國之後學會了漢語，是李鴻章面對洋人時最重要的通譯。李鴻章完全不懂洋文，去歐美遊歷或在談判桌上面對外國外交官時，要如何溝通？他的養子李經方懂英文，不過李經方自己是朝廷命官，也不能隨時跟著李鴻章。

主要就是依靠畢德格。畢德格除了英文之外，還懂德文、法文，所以同時又為李鴻章譯讀各種洋書。依照留存的史料，經過畢德格為李鴻章介紹、講給他聽的西方書籍，有高達八百本之多。藉由這種方式，李鴻章累積了比他外表看來豐富得多的西方知識，才能屢屢在關鍵外交時機上發揮作用。

李鴻章身邊還有一位德國人，中文名字是德璀琳（Gustav von Detring, 1842-1913），他的正職是天津海關的稅務官員，但只要李鴻章在北京，就常常將他請來宅邸，聽取他分析世界局勢。

除了洋人之外，還有許多懂洋務的幕客環繞著李鴻章，這群人的名單列出來可能有好幾百個，其中一部分構成了清末到民國歷史的骨幹。他們從李鴻章幕下起家，後來在中國政治、外交領域紛紛成為要角。

例如中國第一任駐英大使郭嵩燾，他其實和李鴻章同榜，都是丁未年進士，是所謂「丁未四君子」——李鴻章、陳鼐、郭嵩燾、帥遠燡——的一個。四人中陳鼐先入曾國藩幕下，但很快地李鴻章就超拔而出，將同榜的郭嵩燾納入幕下。

另外，有一輩子不承認民國、積極參與復辟到成立滿洲國的鄭孝胥，有中國最早的留學生容閎，還有馮桂芬、盛宣懷、唐紹儀等人，以及李鴻章的女婿張佩綸，也是張愛玲的祖父。當然，歷史上名頭最響亮的是袁世凱，也曾投入李鴻章幕下。

這是李鴻章另一項特殊的歷史地位，要了解清末到民國政治史的人際脈絡，一定要從他那裡去理清。

09 督辦北洋水師與朝廷內外分途現象

恭親王奕訢原本和慈禧太后聯手發動政變，鬥倒了顧命大臣肅順等人，但兩人的合作關係幾經變化，慈禧太后時而重用奕訢、時而將他放逐邊緣。到光緒皇帝即位，慈禧太后便選擇光緒的親生父親醇親王奕譞以取代恭親王。醇親王在政治上的地位遠遠不及六哥恭親王，他和慈禧太后從來不曾有平等的叔嫂關係，一直都是統治者與臣下的關係。

另外，醇親王奕譞的個性遠比奕訢溫和退縮多了。他留下來最有名的故事就是在聽說慈禧太后選了他的兒子當皇帝時，嚇得昏了過去。如此強烈的情緒當然有為兒子擔心的部分，但更大部分是擔心自己吧！要在慈禧太后的皇權之下當皇帝的父親，這是再困難、再恐怖不過，必定動輒得咎的角色啊！

以皇帝的親生父親醇親王取代政壇老資格的恭親王，對於李鴻章來說是個大災難。醇親王完全不懂洋務是一，更糟的是他對慈禧太后畢恭畢敬，不敢有任何意見。這個時候正在籌建北洋水師，耗費龐大，並且樹大招風，大家都知道這裡有最多經費，也就有最多油水，王公貴冑缺錢用時，就往這裡動腦筋。

最後甚至連醇親王也將皇太后祝壽所需的額外經費，朝北洋海軍經費動手腳。皇太后要在新建好的頤和園過生日，等到皇帝親政，皇太后還要有新的「西苑」可以住，這兩項工程在十年間花掉了北洋海軍相當龐大的經費。

所以到一八九四年（光緒二十年）和日本發生黃海海戰時，北洋海軍在各種因素——如經費來源不穩定、苟安因循的心態——拖沓影響下，錯失了依照當時歐洲海戰新思維打造的新船艦，也就敵不過日本後來居上所擁有那些較小較快的艦艇。

軍機中樞換上了醇親王，加之總理海軍衙門，李鴻章的很多手腕就用不上了，只能眼睜睜坐視慈禧太后調度資源。在恭親王奕訢當家時，以李鴻章為代表的漢人封疆大吏基本上和朝廷站在同一陣線，一起推動洋務運動、自強運動。從保守抗拒逐漸調整為積極吸收的對外態度上，他們基本是一致的。

然而換上醇親王奕譞，中央朝廷的立場逆轉回保守，就拉開了和封疆大吏在認知與策略上的差距，產生了「內外分途」的現象。

在築鐵路一事上表現得最明白，基本上外任的總督、巡撫，就連偏遠到臺灣的劉銘傳，都是主張並支持要興建鐵路的。建鐵路的一個重要理由是軍事防衛作用，鐵路的端點設在海港，外國海軍有威脅動作時，可以快速地將部隊運送過去。負責守土的封疆大吏都知道這在戰略上何等重要，然而內廷受到慈禧太后的價值觀影響，卻對建鐵路抱持反對態度。

為了說服慈禧太后，李鴻章想了個辦法，在西苑蓋了一條小鐵路，在上面運行一輛六個車廂的小火車，讓慈禧太后可以實際體會火車。如此才終於取得慈禧太后的同意，讓鐵路得以興建。不過慈禧太后嫌火車頭太吵，而且在西苑裡哪需要跑得那麼快，就下令拿走機關車，改由太監來拉車。一度中國一些地方的鐵路上，跑的是由馬或驢拉的車廂。

10 沒有內政支援的外交與地方意識高漲

李鴻章得以掌握外交系統，這是他的成就，卻也暴露了他的問題與弱點。外交上出現狀況，非李鴻章無法處理，但在外交系統後面，牽涉到軍事或政治部分，卻不是他能拍板定案的。

一八九五年簽「馬關條約」就是這樣，一九〇〇年簽「辛丑和約」也是如此，他掌握了外交系統所有人馬，不可能推給其他人出面，而且他也絕對不願讓出對外交系統的控制，於是他將自己的外交實力推到了黑暗的死角，必須代表清廷簽訂這些最屈辱的條約。

如果拉高觀看歷史的視角，從未來的影響性分析，那麼李鴻章建立的這套系統明顯走不遠。因為這樣的外交運作絕對不是內政的延伸，無法取得內政上的支援，也沒有用來完成、貫徹什麼樣內政目標的功能。

李鴻章的個性與基本身分，一直都還是封疆大吏，這是奇特地由封疆大吏主導的外交。尤其在奕訢垮臺後，李鴻章失去了內應，封疆大吏沒有中央朝廷的權力，要如何有效推動外交？所以民國建立之後，外交系統仍然是李鴻章留下來的這些人、這些做法，當然行不通，必須花很長時間才得以重建屬於民國本身的外交運作方式，才能有效地和列強互動。

另一方面，還是從對後來歷史的影響看，李鴻章主理外交，顯示出封疆大吏的力量不斷增強，也就表示地方的獨立性愈來愈高。中國王朝歷史上的最後二、三十年，一個主要變化是形式上由中央控制地方，中央是主、地方是從，但由北京壟斷所有權力符號的情況不斷地下滑沒落，對應於逐漸高漲的地方意識已經瀕臨失控了。

傳統中國一直都有濃厚的鄉里認同，靠著鄉里認同才產生了對抗太平天國的力量，然而這種意識上升到和中央抗衡，是這二、三十年才形成的。先是湖南、安徽，接著蔓延到湖北、四川、廣東等地，這些地方在清末成為革命的溫床。革命的一個源頭就在有意識地要擺脫中央，以地方的自主立場去追求和外來勢力間的關係。

從曾國藩到李鴻章、張之洞等人，這些封疆大吏從太平天國到八國聯軍期間所遭遇的、所作為的，有著關鍵意義。一九〇〇年之後，清廷開始進行大幅改革，可是太遲了，因為中央發動的改革已經無法有效地傳遞到地方，更重要的，地方自主的利益考量也已經超越了對中央朝廷的效忠、對中央政令的服從。

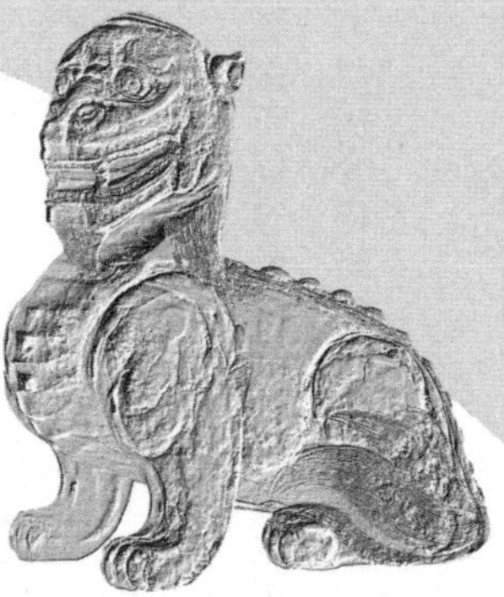

第四講

光緒皇帝與戊戌變法

01 日本海軍中將致北洋水師提督的勸降信

一八九四年發生的中日戰爭，關鍵戰場在海上，黃海一役造成清朝新建的北洋艦隊大敗。當時北洋艦隊的指揮官丁汝昌一度率領殘部退守威海衛。到一八九五年年初，在日軍水陸夾擊下，北洋艦艇毀傷殆盡，丁汝昌在兵敗投降前服鴉片自殺。

當丁汝昌新敗之餘退守威海衛時，曾經收到來自他的對手，日本海軍中將、也是聯合艦隊總司令官伊東祐亨的一封信。信上說：

時局之變，僕與閣下從事於疆場，抑何其不幸之甚耶？然今日之事，國事也，非私仇也，則僕與閣下友誼之溫，今猶如昨。……

先表達了必須和丁汝昌在戰場上敵對相見，非常遺憾。他的遺憾不完全是外交辭令、虛情假意，因為北洋水師和日本海軍有同在英國買船、受訓的淵源，兩人的確見過面一起喝酒聊天。

僕之此書，豈徒為勸降清國提督而作者哉？……清國海陸二軍，連戰連北之因，苟使虛心平

> 氣以查之，不難立睹其致敗之由。以閣下之英明，固已知之審矣。至清國而有今日之敗者，固非君相一己之罪，蓋其墨守常經，不通變之所由致也。……

接著表明這封信當然有勸降的用意，但不只是為了勸降，而是要向丁汝昌解釋清朝之所以戰敗的根本原因，說服丁汝昌別再做沒有意義的困獸之鬥。戰敗不是戰場上犯錯所造成的，甚至也不是皇帝和宰相的責任，毋寧是清朝整體政治風氣太過保守僵化所帶來的必然結果。

> 夫取士必以考試，考試必由文藝，於是乎執政之大臣，當道之達憲，必由文藝以相升擢。文藝乃為顯榮之梯階耳，豈足濟夫實效？當今之時，猶如古昔，雖亦非不美，然使清國果能獨立孤往，無復能行於今日乎？……

一項明顯的保守僵化例證，就是清朝還在以考文藝的方式選擇政治人才。文藝是一種空洞的身分榮耀能力，難道能帶來什麼實際成效嗎？如果時代一直維持不變，像古代一樣，那倒也沒關係，但今天是這種國際交接的新情況，清朝要如何自外於這樣的變化呢？

> 前三十載，我日本之國事，遭若何等之辛酸，厥能免於垂危者，度閣下之所深悉也。當此之時，我國實以急去舊治，因時制宜，更張新政，以為國可存立之一大要圖。今貴國亦不可不

以去舊謀新為當務之急，亟從更張，苟其遵之，則國可相安；不然，豈能免於敗亡之數乎？與我日本相戰，其必至於敗之局，殆不待龜卜而已定之久矣。

然後伊東祐亨以自身日本的經驗作比較，日本也經歷過三十年間近乎亡國的危機，靠著積極快速地除去舊體制、認清新變化，進行改革因應，才終於辛苦度過難關。現在中國如果不同樣進行大翻新，那是逃不掉敗亡結果的。有這樣三十年變與不變的差距，中國這時候和日本開戰，必定是戰敗的，沒有任何僥倖的其他可能。

02 屢試不中的康有為與「公車上書」

這封勸降信的重點是在明白宣告：日本之所以戰勝，而且海陸軍都戰勝，不是偶然；中國之敗，敗得一點都不冤枉。因為中國出了什麼樣的問題，連日本都看得清清楚楚。

中國的確無力再戰，只好派李鴻章前往日本求和，簽下「馬關條約」。這年是乙未年，剛好遇到三年一次的京師會試。伊東祐亨指出中國的根本問題出在科舉考試，而「馬關條約」乞和的消息就在大批舉人聚集考試時傳到北京，造成了群情激動。

應考舉人間於是發動了一項「公車上書」活動。以前在漢朝時，要求地方薦舉人才，為表尊重，朝廷會特別派車將這些人才迎接到京師，所以「公車」就成為「舉人」的代名詞。

雖然這時候的舉人都必須自己想辦法到京師應考，但他們仍然有歷史上的先例認同，便聯合起來，連署向皇帝送上一份洋洋灑灑的國事建議書。這項運動與這份文件背後最主要的推動者是從廣東來的康有為。舉人集體「公車上書」有其不同的分量，加上甲午戰爭新敗和「馬關條約」割地賠款的強烈刺激，據梁啟超《戊戌政變記》所言，光緒皇帝認真地閱讀了這份意見，並大受感動，便要宮中傳鈔三份，特別將一份送去給慈禧太后，還有一份留在乾清宮中，讓他可以隨時閱覽。

康有為出身南海官宦世家，依照寬鬆的算法，由康有為往上數，他們康家連續十三代都有人當官。在這樣的家族中長大，當然被要求走科舉考試的路。但康有為在考試上表現不佳，到十六歲才考上秀才，然後每三年一次的鄉試，他連著考了六次都沒考上。

考得不順利，只好去教館當私塾老師，而在當老師的過程中，康有為逐漸累積了一點名聲。康有為為什麼考試考不好？因為在準備考試期間他讀了太多書，而且是太多不同性質的書，包括經世之學和西方之學。生在書香世家，他從識字之後就大量讀書，形成了自己的看法，那就很難在試場中出頭了。這其實真確地反映了伊東祐亨對於中國問題的指摘。

一八九三年，這位三十六歲的老秀才竟然考取了舉人，要不然兩年後的關鍵時刻他不會在北京。不過關鍵時刻在北京，弄起「公車上書」，康有為倒是在之前就累積了經驗。那是光緒十四年（一八八八年）時，他就曾經到過北京，試圖透過皇帝的老師翁同龢向皇帝上萬言書。當時一度在文人圈引起注意，卻沒有下文，不過康有為回到廣東後，在家鄉有了更高的名氣。

一個廣東人跑到天子腳下呈送萬言書，這件事影響了同為廣東人的孫中山。一八九四年，孫中山也去了北京，就是懷抱著模仿康有為前例的心情向李鴻章上書。另外一位受影響的廣東人，是來自新會的少年梁啟超。

03 從強學會到官退民進的晚清潮流

在考試上，梁啟超是少見的神童，十二歲考取秀才，十七歲考上舉人，這還是虛歲，實際年齡不過十六歲半。考上之後挾著他的神童名氣到處拜訪廣東的名人，第二年遇到了康有為。

依照梁啟超的〈三十自述〉，他「少年科第」，對於當時流行的訓詁詞章之學很有心得，沾沾自喜。我們看梁啟超當年考試的卷子，還有後來他隨康有為念書，在「萬木草堂」所寫的文章，那真是早熟得驚人。他帶著周遭世人的盛譽去見康有為，早上八點鐘進去，一直談到下午七點鐘，一整個白天的時間裡，大部分都是康有為在訓人，一波又一波打擊著梁啟超原本的知識和學問信心。

進去的時候覺得自己已經小有所成，等到坐在康有為面前，卻有如受到「冷水澆背」，嚇得慌了，用梁啟超自己的話語形容：「當頭一棒，一旦盡失其故壘，惘惘然不知所從事，……竟夕不能寐。」自己原本依憑安身立命的基礎全被推翻，不再清楚自己到底該做什麼，以至於一夜無法成眠。

於是他決定拜在康有為門下，此舉不只徹底改變了這位考試神童的人生，事實上也改變了老師康有為的人生。兩人開始了後來在歷史上視為理所當然、習稱「康梁」的關係。

梁啟超所見到的康有為，是一位自信滿滿、可以長篇大論訓人的老師，不過在世俗的眼光中，他畢竟還有遲遲考不上去的「老秀才」陰影。梁啟超投入他門下，在這一點上給了康有為很大的幫助，從在北京上萬言書，這時又多了一個供人驚嘆的話題——廣東省頭號少年舉人梁啟超竟然拜一個考不上舉人的老秀才為師！

收了梁啟超之後，康有為地位更高，在廣州長興里設立了「萬木草堂」，許多人聞名投入「康梁」所在的這所塾舍來求學。一八九三年，老師康有為竟然考上舉人，於是在一八九五年和學生梁啟超一起到北京赴考（梁啟超之前兩次會試未錄取）。

「公車上書」不只感動了皇帝，還向外引起了封疆大吏的注意，雖然表面上朝廷似乎沒有什麼反應，但從此康有為取得了很不一樣的地位。「公車上書」後不久，「康梁」先創辦《萬國公報》（後改名為《中外紀聞》），同年十一月再組織「強學會」，但「強學會」只存在沒多久，便被告了一狀，以致奉命解散。強學會犯的禁忌是民間論政，干犯朝廷對於政治事務與政治意見的壟斷權。

不過強迫解散強學會意義不大，因為到這時候，朝廷在這方面的壟斷權已經搖搖欲墜，同時間出現了各式各樣的團體，從不同角度關心時政，蔚為無可抑遏的潮流。

這樣的潮流是「晚清」的時代特色之一。從一八九五年簽訂「馬關條約」之後，中國歷史正式進入「晚清」，用今天的流行語來說，也就是清楚的「官退民進」，而且是中國歷史上前所未見的官民勢力消長局勢。原本高高在上的「官」，即朝廷的威望與權力，不斷下降；相對地，原本匍匐聽話的「民」，即社會上的各種團體，不斷增強其勢力，而且「人民」的合法性，甚至可以說其神聖性、真理性節節升高。

這波逆轉起於一八九五年，終於一九四九年，毛澤東在天安門前戲劇性地高喊：「中國人民站起來了！」他喊的不是「中國站起來了」，也不是「中國共產黨勝利了」，而是刻意凸顯「人民」，「人民」具有「中國」和「共產黨」都沒有的至高地位。

中國共產黨奪權成功，新的國家叫做「中華人民共和國」，同樣是以「人民」的名義，將「人民」抬到最前面、最高處。

晚清另一項清楚的特性，是中國的實質分裂。地方勢力不斷興起增強，先是一步一步威脅到中央朝廷，後來以各省分別獨立的形式，在辛亥革命之後推翻了滿清。但在這時候，地方勢力已經發達到徹底阻礙了新的中央政府能夠有效出現。孫中山的臨時政府失敗了，袁世凱的洪憲帝制失敗了，繼起的北洋政府也失敗了。到一九二〇年代軍閥割據，分裂情況到達頂點，然後才由南方政府發動「北伐」阻斷並逆轉這個發展方向，再到一九四九年中國重新統一。

地方化的潮流，可以回溯自太平天國事件中湘軍的形成；不過到了晚清，卻結合了地方與民間的力量，過去中國社會中少見的自主組織蜂起。其中一部分是知識分子的集結，另外有一部分是宗教團體，如「義和團」也是這波潮流下的產物。

依照梁啟超蒐集的資料，他計算在強學會成立之後，一直到辛亥年（一九一一年），有章程可考、純粹民間發動的社團有一百六十多個。這是一股很強大的挑戰朝廷、改變社會的力量。

04 保國會宗旨與貴二代連結

強學會由「康梁」成立，背後得到有力人士的支持，最重要的是翁同龢。他是光緒皇帝的老師。光緒皇帝四歲就突然從家裡被帶走，進宮即位，和原來的醇親王府隔絕了，而在血親身分上的阿姨，這時成了既嚴厲又可怕的「親爸爸」。所以在成長過程中，光緒皇帝最感親近的人其實是他的老師翁同龢。

長到十七歲，光緒皇帝親政，形式上的垂簾聽政撤銷，大臣直接對皇帝報告。不過事實上，這時候的他頂多只能稱作「實習皇帝」，不能自己做任何決定，都必須對太后報告。

到一八八九年（光緒十五年），光緒皇帝大婚，迎娶隆裕皇后，慈禧太后才再讓一步，安排「歸政」。太后的主要活動空間從紫禁城移到頤和園去「頤養天年」，要過退休生活了。太后「歸政」，光緒多了可以自己用人的空間，他首先重用的當然就是翁同龢。

康有為第一次上書時，選擇了翁同龢為對象，文章中對於俄國、英國、法國包圍中國情勢的分析讓翁同龢留下深刻印象。康有為還提到日本的改革有可能讓日本得以擺脫西方列強壓迫，而強大的日本將會對中國有野心，可能的目標會是朝鮮。

到了一八九五年，現實發生的事證明了康有為真是有遠見的。翁同龢自省不能再犯這種忽略重要意見的錯誤，所以對康有為要辦的強學會予以支持，並藉由他的支持，又得到兩江總督劉坤一和湖廣總督張之洞的贊助，兩位封疆大吏各捐了五千兩給強學會。

另外還有一個人，當時是「總理各國事務衙門行走」的閒差，也捐了二千兩給強學會，這個人是李鴻章。因而一度在「戊戌政變」中，他被懷疑是「康梁」一派的。不過李鴻章的錢被康有為退回了，他認為李鴻章在「馬關條約」談判時有所懈怠，是守舊勢力的代表，和「強學」的目標宗旨不符。

這是民間主動、官方被動，而且充分顯現出當時的封疆大吏自主地在中央朝廷之外去探索時局出路的強烈動機。

雖然強學會遭到解散，「康梁」又組織了「保國會」。保國會由康有為邀集在京對於國是有熱情、有意見的人，在「粵東會館」集會，一共來了兩百多人，會中訂定「保國章程三十條」。

第一條說：「本會以國地日割、國權日削、國民日困，思維持振救之，故開斯會以冀保全，名為保國會。」表示這是因應國家危機而產生的團體。第二條：「本會遵奉光緒二十一年閏五月二十七日上諭，臥薪嚐膽，懲前毖後，以圖保全國地、國民、國教。」以皇帝上諭為其組織的合法性基礎。到第九條：「本會同志，講求保國、保種、保教之事，以為議論宗旨。」這是一個議論的團體，而其中心關懷是針對愈來愈嚴重的危機，不只可能亡國，甚至可能滅種，傳統的「孔教」信仰也面臨瓦解，必須尋覓衛護的方式。所以第十條說：「凡來會者，激勵憤發，刻念國恥，無失本會宗旨。」

第十一條則規定在京師與上海設「保國總會」，各省、各府、各縣都設分會，冠以地名。也就是要成立全國性的組織，預期有眾多的分會，發揮大串聯的作用。

這又是新的民間結社方式，而且吸引了另外一批有背景的人加入。這裡面有張之洞的兒子張權、曾國藩的孫子曾廣鈞、翁同龢的侄孫翁斌孫、陳寶箴的兒子陳三立（大詩人，也是史家陳寅恪的父親）、左宗棠的兒子左孝同，以及後來在歷史上有名的湖北巡撫譚繼洵的兒子譚嗣同。

這個名單排出來，是不折不扣的「貴二代」，皆為高官之後，而且都來自太平天國亂後興起的漢人封疆大吏家族。隨著地方昂揚、中央衰頹，這些疆臣已經在培養第二代，讓第二代去進行連結。

因此，康有為不是單打獨鬥的，他是一群新興勢力的代表。

05 康有為痛陳：中國被瓜分的緊迫危機

一八九七年（光緒二十三年），在山東發生了另一樁「曹州教案」。到這時候，基督教傳教士已經大批進入中國，成立了不少教會，吸收了可觀的教民，於是很容易發生教民與百姓的衝突。衝突稍有失控，就會釀成殺教民、甚至殺外國傳教士的「教案」。

「曹州教案」牽涉到德國教會，引發德國出兵，以武力迅速強占了膠州灣。既未宣戰，也沒有簽什麼條約，突然之間膠州灣便落入德國人手中，由他們自己劃定為勢力範圍。

這比之前的不平等條約還更誇張，列強對中國的侵奪進入到一個新的階段。此時原本已經回到南方的康有為又趕往北京，再上了一封口氣極端悲憤的萬言書，這是他第五度上書。

這封萬言書的內容，完整保留在梁啟超寫的《戊戌政變記》中，要了解戊戌年從變法到政變的事件來龍去脈，最好的記錄仍然是這本書。不只梁啟超自己是事件中的當事人，而且他有著敏銳的知覺與準確的文字，另外政變發生在農曆八月，這個月都還沒過完，梁啟超就開始動筆寫這份記錄，蒐集運用了許多原始的資料。

萬言書從個人切身感受寫起，表示自己從海上搭輪船北上，看了外國報紙，得知了很多本國人不知道（皇帝大概也不知道）的事。

德國人要求將山東巡撫李秉衡革職，又要求取得山東的鐵路和採礦利權。進一步的細節是：山東的幾位地方官員被德國人抓走了，德國人正在準備進攻即墨。外國報紙還說德國國王的胞弟將統領軍隊前來，俄國和日本都在山東大量買米，日本議會天天開會討論山東的局勢變化。

另外，外國報紙上最熱門的話題是要如何瓜分中國。看他們討論中國的方式，以前他們將中國視為「半教之國」，是半開化國家，現在對待中國簡直和對待非洲黑奴同樣了！外國人以前覺得中國人很傲慢而討厭我們，現在他們卻覺得我們愚蠢而看不起我們。

依照西方人的「天演論」原則，弱肉強食、適者生存，他們不再視中國為文明國家，對於滅亡一群野蠻人，他們是不會有任何罪惡感的，甚至還自認是應該做的。這樣的危機為什麼會在此刻爆發？因為十年前西方人忙著瓜分非洲，但現在非洲都已經被瓜分完了，他們自然將眼光投向中國。

皇帝不會知道在外面西方人之間發生了什麼事。俄國、德國、法國訂定了密約，英國和日本建立了外交關係，希臘尋求從土耳其統治下獨立，卻得不到歐洲各國出兵援助。這些都源自歐洲各國要保有彼此間的和平，他們不要在歐洲爭鬥，那麼就一定會將野心投射到亞洲，尤其以中國為他們的對象。

光緒十年發生和法國開戰的「安南之役」，十年之後的光緒二十年，和日本打仗。現在和日本打完仗，割讓臺灣才不過兩年，就又發生德國強占膠州灣的事。這中間還有發生在東三省、雲南、廣東等邊遠之處的相對小事就不提了。總體趨勢再清楚不過——時間愈來愈緊迫，發生恐怖大事的頻率愈來愈緊。那麼未來的中國，可能馬上要發生的事會變成怎樣呢？

一種可能是變得像埃及一樣，雖然保留了國家之名，但人口、資源都被挖走了。或者像土耳其，整個政府都操控在別人手中。或許像高麗，連皇后的性命都保不住。土耳其的國王也被外來勢力所監禁。更糟的，還有可能變得像安南，土地、人民都沒有了，只留下一個國家的虛號；或是像波蘭，連虛號都被取消，直接被其他三個國家給瓜分掉。

康有為如此強力地展現了他對於國際局勢的熟悉理解。

06 建議皇帝站到改革的第一線

先陳述中國當前確切近乎亡國的處境，然後力勸皇帝必須發憤救中國。看看西方國家，大國每一年「歲入數千萬萬」，有錢所以能夠練兵數百萬，有錢所以能夠造鐵船幾百艘，有錢所以能發展新的技術、有新的機器，有錢所以農、工、商、兵、士都可以受專業教育。

但中國呢？這麼大的國家一年卻只有七千萬兩的歲入，光是「馬關條約」就規定要交付二萬萬兩的賠款，而朝廷每年的總收入只有七千萬兩！這是「財弱」；沒有錢就沒辦法練兵造艦，於是「兵弱」；沒有新的技術與器械，於是「藝弱」。士兵沒受過教育甚至不識字，識字的文人對軍事一竅不通，商人、農人也都沒有專業的精進講究，那是「民智弱」；一般人只求苟安，士人也沒有進取冒險的精神，那是「民心弱」。

放大以世界的尺度來看自身的中國，是康有為給皇帝最重要的刺激。「列國五十餘，中國居其一」，不能再用「天下」的觀念來看待自己和別人，要轉換為「列國」的認知。

和列國相比，在人口上，中國有四萬萬人，數量很多；但如果從政治知識與智慧的運用上看，這麼龐大的人口中，能夠給皇帝提供意見的，就只有公卿、臺諫、督撫等大概一百人而已。從更低一點的官，到廣土上生活的眾民，對皇帝來說根本等於不存在，他們是誰，他們在哪裡過什麼樣的生活、有什麼樣的想法，皇帝都不知道。

再看看公卿、臺諫、督撫這一百人，他們幾乎都不曾出國，再來他們和人民之間也有很大的距離，從他們那裡既無法得知人民的情況與想法，也無從得知國際局勢的變化，聽他們的有什麼用？最根本的問題就在這些官都是考試考來的，只會背書卻不會推論，也缺乏分析現實利弊的能力，皇帝將他們當作耳目，那就等於皇帝在政治上是又聾又瞎啊！

現在中國境內有很多教堂，醒目的教堂很容易引來「教匪」對教民和教士的攻擊，而教民、教士又以「教匪」作為外國勢力侵犯中國的藉口，這是最嚴重的問題。時局如此危險，但是整個朝廷的氣氛甚至比甲午年還更糟，朝廷大臣不知道該說什麼，外面封疆大吏也徘徊困惑，不知道該怎麼辦。「無有結纓誓骨，慷慨圖存者。生機已盡，暮色慘淒，氣象如此，可駭可憫，此真自古所無之事。」最驚人的是這種暮氣沉沉、完全沒有士氣的景況。

所以重點不在於如何處理膠州灣事件，而在於累積下來的這種情況該如何逆轉改變。膠州灣事件不過是反映出過去重重錯誤的一個表象罷了，真正難處理、也就真正必須處理的，是解決長期以來不發憤自強的拖沓情況。

然後康有為提出了具體建議。第一是「分遣親王大臣及俊才出洋」，大量派高官和有潛力的人才出國，最好是規定沒有出過國的人不能握有實權管事。再來要盡快建立統治制度，必要時不妨「大借洋款」，向外國舉債以便興辦各種事務，因為「財弱」是一切積弊的根本原因。

接下來建議皇帝應該要站到第一線上，「詔令日下，百舉維新，誠意諄懇，明旨峻切。」由皇帝來發動積極改革，每天都下達改革的詔令，而且要對臣民動之以情，如此才能盡量屏除抗拒和障礙，加速汰舊換新。

另外還要派重臣辯士去辦外交，「分遊各國」去結交政界的重要人物，也要去人家的報館溝通，想辦法影響別人的社會，作為保有中國太平的一項助力。

特別針對皇帝，康有為提出了「三大策」。第一策要光緒皇帝學習兩個人，一位是俄國的彼得大帝，另一位是日本的明治天皇，也就是學習他們以皇帝身分由上而下推動改革的做法。這部分他很認真地已經整理好冊子，可以上呈給皇帝參考。

第二策是要「大集群才而謀變政」，召集各方人才進行國是大討論，一起商量擘劃國家的未來，訂定改革的方向與步驟。

和第二策相應的第三策是「聽任疆臣各自變法」，表示由中央推動改革太慢了，應該明白授權地方可以自行變法。康有為主張要給封疆大吏更高的自主權力，而且要刻意選任有想法、願意改革的人擔任地方督撫，皇帝不要聽那些「重內輕外」的說法，想要將權力收回來集中在朝廷。

這也更進一步反映出地方和中央的關係，就連針對皇帝進行勸諫的康有為，都主張要分權給地方，尤其要尊重漢人封疆大吏的自主權力，那是對中國最有利的做法。

07 「有亡之實」下，重建一套內閣系統

這次上萬言書，康有為已經有了正式官職。他在一八九五那年考上進士，分配去當工部主事。依照規定，他對皇帝的上奏必須透過工部呈送。梁啟超在《戊戌政變記》中說：「工部大臣

惡其伉直，不為代奏，然京師一時傳鈔，海上刊刻，諸大臣士人共見之，莫不嗟悚。」也就是這篇萬言書被工部壓下來沒有呈給皇帝，卻在京城裡廣為流傳。

這是過去沒有的現象，也是中國現代輿論的開端。表面上循著傳統的管道，大臣向皇帝表達意見，然而在皇帝有機會看到之前，文章內容已經在京師傳鈔流布，甚至以印刷的方式流通到更遠的地方去。

藉著康有為之前擁有的聲名，加上文章的強大說服力，萬言書成為新聞，傳到了皇帝那裡。於是皇帝要求呈報，一八九八年（光緒二十四年）農曆正月，皇帝終於看到了這封上奏，大為感動，立即下令：上奏在去年十一月送到工部，卻被拖遲了兩個月，以後對於相關上奏，各部不得阻擋。

受到皇帝反應的鼓舞，康有為在正月初八再上一封奏摺。他重申中國當前的情況是「雖無亡之形，而有亡之實」。為什麼「有亡之實」？因為「今無士、無兵、無餉、無船、無械」，而且「土地、鐵路、輪船、商務、銀行，惟敵之命，聽客取求。」國政的實情是，作為一個現代國家所需具備的一切都沒有，要運作現代國家的工具都握在外國手中，這不是等於「亡國」了嗎？

他知道如果皇帝要推動改革，最大的阻力必定是保守勢力，又要抬出「祖宗家法」。所以他告訴皇帝：「今茲之法，皆漢唐元明之弊政，何嘗為祖宗之法度哉？」今天清朝的制度，是套用過去各朝的舊法，早就不是入關前訂定的祖宗法度。再者，「又皆為胥吏舞文作弊之巢穴，何嘗有絲毫祖宗之初意哉？」這些制度又被執法者上下其手、作弊扭曲，早就違背了祖宗原先訂定時的本意。

更根本的道理是：必須要有祖宗之地，才會有祖宗之法，現在祖宗之地都要斷送了，還講什麼維持祖宗之法？所以他建議皇帝直接套用日本明治維新的做法：第一，「大誓群臣以定國是」，訂定一份誓詞讓群臣一起宣誓，同心來討論、決定國家未來的方向；第二，「立對策所以征賢才」，找出方法將有才能的人都召集過來；第三，「開制度局而定憲法」，設立一個專門負責訂定新制度的機構。

然後還要設一個「上書所」，就在紫禁城午門，讓「天下士民」要對皇帝說的話都可以寫好了送到「上書所」，再派兩名御史前往監收。另外，在內廷設「制度局」，選擇特殊的「天下通才」，讓他們以完全平等的地位，沒有儀節拘束的方式，天天和皇帝討論，等於是對皇帝的新政知識教育機構。

再下來，康有為具體提出了要在朝廷中新設的十二個衙門：一、法律局；二、度支局，管財政的；三、學校局，管教育的；四、農局；五、工局；六、商局；七、鐵路局；八、郵政局；九、礦物局；十、遊會局，管各種民間團體的；十一、陸軍局；十二、海軍局。

這等於是重建一套內閣系統。奏章中康有為沒有仔細解釋，他真正的想法是將政務都移到這十二局中，將原來的六部架空，另設一個現代政府，以避開改革舊單位會帶來的麻煩與抗拒。

最後，在中央與地方關係上，應該讓知縣直轄於朝廷，廢除所有中間單位，確保政治體制的改造能夠有效貫徹通達。

08 「明定國是詔」啟動戊戌變法

這份奏章送上去，光緒皇帝還是沒有立即看到。這次工部不可能再阻擋，卻是被恭親王擋了下來。恭親王此時年紀已大，因為對外局勢愈來愈嚴峻而被重新啟用，他成為朝中保守勢力的代表，無法接受康有為提出的激烈主張，就作主擱置了康有為的上奏。

不過就在一八九八年農曆四月，恭親王去世了。最強悍的保守反對力量一時消散，到了四月二十三日，皇帝就下詔要「定國是」；兩天之後，命令康有為預備召見。四月二十八日，康有為正式進宮受皇帝召見。

康有為很可能打破了清代幾朝皇帝召見大臣的時間紀錄，和皇帝談了兩小時十五分鐘。清朝大臣面見皇帝必須「跪對」，就是全程都跪著，所以時間不會太長，而稍微年長一點，有資格到皇帝面前的重臣大概就跪不住了。康有為能撐到兩個多小時真是不容易，也可見光緒皇帝多麼飢渴地要聽他所傳遞的訊息與主張的意見。

這就是「戊戌變法」的開端。五月一日康有為再度上書，強調一項之前兩次上書沒有提過的原則，那就是「不變則已，若決欲變法，勢當全變。」要求皇帝變法，不要在枝枝節節上說這件事要做、那件事要做，過去自強運動也做過「總督署、使館、海軍、船廠、電線、鐵路、礦務、製造廠、同文館」，雖然增加了這些東西，卻同時成為守舊者反對的對象和抗拒變化的藉口，實質上根本的舊事物並沒有真的改變。

所以需要全面的「變法」。過去自強運動的做法，康有為稱之為「變事」，現在要進行的是真正的「變法」。這裡的「法」指的不是法律，而是根本的原則、道理、制度，由皇帝親自主持，徹底重建國家制度的基礎。這就成為「戊戌變法」的精神。

依循這樣的精神，從農曆四月二十三日到八月六日，這一百零三天中，快速進行了驚人的國家改造工程。四月二十三日頒「明定國是詔」，宣告不再因循、沿襲傳統，另外就在同一道詔書中，連帶下達了開辦「京師大學堂」的命令。這是劍及履及，宣告的同時就有具體新辦事務。不過梁啟超在《戊戌政變記》中註解，設立「京師大學堂」是早在三年前就提過的要求，現在才確切執行。可見此時滿清朝廷的腐敗拖沓，這樣一件事可以拖了三年而不用負責，直到皇帝再度下詔，明確表示一定要做。

四月二十五日，下詔命黃遵憲、譚嗣同「送部引見」，就是由吏部帶領引見，並且要廣東舉人梁啟超「著總理各國事務衙門查看具奏」。這都是打破成例的，尤其是梁啟超，他還沒考上進士，沒有正式的官僚資格，卻得到皇帝直接任命。

兩天之後，皇帝又下了幾道關於人事的上諭，和之前那封詔令形成了明顯的對比。第一道是關於協辦大學士戶部尚書翁同龢，他是皇帝最親近的老師，上諭中卻說他：

近來辦事多未允協，以致眾論不服，屢經有人參奏。且每於召對時，諮詢事件，任意可否，喜怒見於詞色，漸露攬權狂悖情狀，斷難勝樞機之任。本應查明究辦，予以重懲，姑念其在毓慶宮行走有年，不忍遽加嚴譴。翁同龢著即開缺回籍，以示保全。（《清德宗景皇帝實錄・卷四百十八》）

上諭給了翁同龢「攬權狂悖」的罪名，從京城趕出去。第二道是命令往後任何文武官得到二品以上的官位，都必須親自去向慈禧太后謝恩。第三道是命直隸總督王文韶入京擔任軍機大臣，而由榮祿接任直隸總督。

很明顯地，這三道上諭雖然掛著皇帝的名號，卻是從皇太后那裡發出來的。「變法」這件事，尤其是全面變法，驚動了慈禧太后，反對變法的人開始往太后那裡行走報告，而太后也開始動用權力來試圖阻擋皇帝。

09 以不次拔擢避過慈禧對人事權的監管

從「變法」到「政變」，榮祿扮演了重要角色。榮祿擔任直隸總督，也就同時統領北洋軍隊，等於握有中央兵權。慈禧太后和榮祿商定，計畫在九月秋間由太后帶著皇帝一起到天津閱兵，藉著皇帝離京的時刻進行「廢帝」，將皇帝換掉。

早在四、五月間「變法」開始之際，慈禧太后和守舊派已經動了撤換皇帝的念頭，也設定好確切的方式，結果反而意外地替皇帝和維新派人士爭取到寶貴的時間。在九月之前，光緒皇帝得以發出一連串的詔書，推動了幅度極大的改革措施。

五月初二，皇帝下詔指摘禮部尚書許應騤，他是漢官中的保守派大將，曾經強力攻訐康有為與「保國會」。這次康有為他們反過來策動御史宋伯魯等人，參奏許應騤「守舊迂謬，阻撓新政」，皇帝於是下詔要許應騤自己檢討回應。

不過針對這件事，梁啟超特別感慨：即使面對許應騤這樣的禮部尚書，皇帝也只能下詔指責，因為「以天子之權，而不能去一尚書。」皇帝並沒有獨斷撤換尚書的權力，也就是長期以來皇位與皇權分離之下，重大的人事權仍然握在慈禧太后手中。這也是為什麼慈禧太后要下令重申，二品以上官員必須向太后謝恩的根本理由——確保朝中重臣的任命權不會被皇帝奪走。

皇帝動不了這些既有的高官，也不能任命二品以上的官員，於是產生了「戊戌變法」時的特殊現象：一方面皇帝跳過原來的體制，新建一個負責改革的團隊；再者，這個團隊中的人才幾乎都是不次拔擢，任命的官位也不高，如此讓新血進來，避過太后對於最上層官員的監管。

五月初五，皇帝下詔廢八股取士，也就是下一次科舉考試不再考八股文，改以策論代之。梁啟超的註解中提到皇帝對這件事的深切感慨：「西人皆日為有用之學，我民獨日為無用之學。」只是這項改革並沒有真正實施，還沒等到下一次考試，「戊戌變法」就被全盤推翻了。

不過梁啟超特別表示不能以成敗論斷這道詔書，因為眾人注意到考試制度可能改變，於是都焦急地問：如何準備策論考試？又如何在策論考試中答題？等於那幾個月在士人之間掀起了「策論風」。雖然是因為在意考試而關心策論，但「耳目既開，民智驟進，自有不甘於謬陋者」，一旦將策論放在心上，就必然會注意時局、時勢，這方面的影響很大。

10 辦學校到裁冗兵，皇帝的接連上諭

到了五月初八，皇帝的詔書重點在於催促籌辦京師大學堂的事。這是隨著四月二十三日的上

諭來的，經過半個月沒有看到具體作為，皇帝生氣了，顯見光緒皇帝的心情真的非常急切。

皇帝會那麼急，正因為大臣們真沒把皇帝的話太當一回事。成立京師大學堂是甲午戰敗的一項反省補救之策，在乙未年就下詔了，到此時三年過去，皇帝前後下了四道詔書，竟然都見不到成果。幸好皇帝不放棄，這時再度催促，才終於讓中國有了最早的現代大學雛形，是為北京大學的前身。

五月初八的上諭讓負責此事的軍機大臣、總署大臣們眼看不能再拖了，才真的去擬辦法。怎麼擬呢？他們去找梁啟超幫忙，梁啟超便拿現成的日本學規抄一抄，抄了八十幾條，送了上去。五月十五日皇帝回覆表示安慰，事情總算有進度了。如此簡單的辦法竟然可以一拖三年，朝中大部分高官連這些日本現成材料的知識都沒有。

五月十七日，又一道上諭進一步推動考試改革。上諭中規定將來不再限於由考試取得功名，如果有人寫了精彩的書、創行了新法，或製成了新的機器，證實真的是有用的，朝廷都應該予以獎賞，甚至審度其才能授予實職。

五月二十一日上諭，要求各旗、營軍隊從此都依照西法操演訓練。這裡更重要的是明示了軍隊的用途。以往朝廷的軍隊都是對內防範盜賊用的，以盜賊的實力為標準，不需要太強大，也不會強大到哪裡去。但現在要重建一支現代的國家軍隊，不是用來對付自己人的，而是要以別的國家為競爭對象，設立足以和他國軍隊匹敵的標準，那就當然不能再襲用原本的滿洲舊法。

五月二十二日上諭，著令各省府廳州縣現有的大小書院全部改為「中西學校」，也就是不能只學中學，必須同時將西學放入教學內容中。將京師大學堂的章程，也就是梁啟超抄來的那一套學規頒布下去，讓各地照著改制學校。

五月二十三日再追加一條命令，規定將沒有正式執照的民間寺廟通通改為學堂，以加速建設、普及學校的速度。

同一天的另外一道上諭關注廣為招攬人才，要開各種經濟（經世濟民）特科，將這些有實用才能者的名單，限三個月內送到總理各國事務衙門。到了這時候，總理事務衙門不再只承擔外交功能，變成了所有新辦制度的總會之所。

五月二十八日上諭，切責各地方裁汰冗兵。之前要求呈報冗兵狀況，但得到的回覆要嘛說才剛裁併，要嘛說無可裁汰。皇帝生氣地說：「朕宵旰焦勞，力圖振作，每待臣下以誠，而竟不以誠相應。各該疆臣身膺重寄，具有天良，何至誥誡諄諄，仍復掩飾支吾，苟且塞責耶？」我為了挽救國家前途日夜辛苦，你們這些封疆大吏卻不認真幫忙，還在敷衍，有良心嗎？

皇帝對封疆大吏發脾氣，但梁啟超看得明白，要裁汰已經無用的兵，權力在督撫身上，「而督撫用捨之權在西后」。皇帝管不到督撫，至於朝廷中那些官位比督撫高的人，像是軍機大臣，他們完全無權管到這事，當然抱持無所謂的態度。所以皇帝發再多上諭，表示再生氣都沒有用，「玩視如故」。

11 由皇位發動而非皇權帶領的一場改革

六月初一上諭，明白改造科舉辦法。鄉試仍然考三場，但第一場五道題目專考中國史事與國朝政治；第二場五道題目考實務策，專問五洲各國之政與專門之藝；第三場才考四書五經。先確定一個考生具有基本的實用知識，才讓他升等。光會讀四書五經的，還沒考到他擅長拿手的科目前就被淘汰了。

六月初八上諭，將上海《時務報》改成官報。要用朝廷力量辦報，同時鼓勵大家針對中外時事都可以在報上傳遞事實訊息及表達真誠意見，不必意存忌諱。

六月十一日上諭，准許民間自設學堂。讓各地方仕紳們參與督辦學堂，同樣能夠加速普設學校的目標。這顯然是為了可以及早廢除科舉，以學校取代之，為更激烈、更徹底的人才政策改革鋪路。

六月二十三日的上諭是特別針對當時的湖南巡撫陳寶箴，他是封疆大吏中最支持新法的，但也因此成為言官們交相參奏的對象。於是皇帝明白表態：往後再有這種隨聲附和、任意攻訐整頓改革作為的，會予以嚴懲。

六月二十九日上諭成立農工商總局，也就是最早的現代式經濟部。七月十日上諭設立另一個重要的新單位——編譯學堂，也就是引進西學知識的正式官方機構，同時藉此給予仍是「布衣」身分的梁啟超一個頭銜，讓他主持編譯學堂。在這裡招收的學生，等同於國學生的地位。

七月十日還有一道上諭，則直接責問兩江總督劉坤一、兩廣總督譚鍾麟，說他們對於五、六月交辦的各項改革政務都沒有反應。皇帝特別發電催問，劉坤一回覆說沒有收到公文，譚鍾麟更過分，連催問的電旨也沒回覆！皇帝說：「倘再藉詞宕延，定必予以懲處。直隸距京咫尺，榮祿於奉旨交辦各件，尤當上緊趕辦，陸續奏陳。」

這封上諭的玄機藏在這句話裡。皇帝真正要講的不是劉坤一、譚鍾麟，而是直隸總督榮祿。但他知道榮祿的背後有太后撐腰，不能直接指責他對於奉旨交辦的事務不辦理，所以牽連劉坤一、譚鍾麟，拐彎威脅要懲罰不辦事的榮祿。

七月十六日另有一條簡單的上諭，要張人駿接任山東布政使，岑春煊補授廣東布政使。這是皇帝很欣賞並想要重用的兩個人。然而皇帝給他們的是什麼樣的位子？只能安排他們去地方上當「布政使」，就是在巡撫之下負責行政文書的角色。這充分顯現了「戊戌變法」始終如一的悲劇性質。

「戊戌變法」來自光緒皇帝，但這是由皇位發動，而不是由皇權帶領的一場政治改革。是由上而下的改革沒錯，卻不是從權力最上方來的改革。長期存在的皇權與皇位分離狀況並沒有真的改變，只是在形式上「歸政」後變得曖昧隱性了。然而當皇帝要主導改革時，整個官僚體系的第一反應就是先弄清楚皇權究竟在誰身上？皇帝用人只能用在「布政使」的職位上，或是新創造層級較低的機構中，這樣的現實做法，反而表明了皇帝擁有的仍然只是皇位，真正的皇權還是牢牢握在慈禧太后手中。

12 《戊戌政變記》中「事不可為」的憤怒

皇帝下了很多道命令，精神亢奮，但能有多少實質效果，卻沒人有把握。到了七月二十七日的上諭，皇帝換了口吻，不是在下命令，毋寧是在對大臣說教，甚至可以說是在和大臣辯論。

上諭中說：

今士大夫昧於域外之觀者，幾若彼中全無條教，不知西國政治之學，千端萬緒，主於為民開其智慧，裕其身家，其精者乃能美人性質，延人壽命。凡生人應得之利益，務令其推擴無遺。（《清德宗景皇帝實錄．卷四百二十五》）

西方有特別的政治之學，如此理想、如此進步，可以讓一個人變好，甚至還可以讓人延年益壽，你們不應該反對、不應該抗拒追求西方知識。

會有這樣的上諭，因為皇帝自身有著高度的不安全感，感受到周遭反對他的力量正在集結、即將撲來。他試圖直接向他的臣民說話，他的皇位不足以提供他權威保證。

到了八月一日，依照梁啟超的記錄，光緒皇帝已經知道自己恐怕連皇位都難保了，仍然盡量維持從容態度，做最後的努力。諷刺的是，《戊戌政變記》中記錄新政的最後一道命令，是下給直隸按察使袁世凱的，說他「辦事勤奮，校練認真，著開缺以侍郎候補。」皇帝和他身邊的人判斷，袁世凱是最後一個可以拉攏來對抗太后和榮祿的人，因為他直接統領北洋軍。於是八月三日光緒皇帝召見袁世凱，給了他一份密詔，隨後卻立即被袁世凱出賣了。

原本的「戊戌變法」，轉變為慈禧太后勢力捲土重來的「戊戌政變」。這次她不可能、也不要再垂簾聽政，而是以換皇帝的方式重新確認皇權掌握在她手中，而不在皇帝那裡。

然而她這次行使皇權，卻遭遇到前所未有、強烈牽制的新因素，那是外國的干預。法國、英國、日本等國先後介入，慈禧太后對外宣布光緒皇帝生了重病要解除他的權力時，法國甚至直接要求派醫生去幫皇帝看病。

中國的傳統皇權重新集中在慈禧太后身上，但她實質行使的範圍與強度卻快速地削弱、敗壞了。一方面是封疆大吏的地方勢力，另一方面還有外國政府的虎視眈眈。

「戊戌政變」之後，政局進入新的階段，可以說傳統皇權賴以建立的柱子一根根陸續傾倒。最關鍵的，就是在變法失敗後出現了更激烈的「革命派」。在外國強大的影響下，革命派不只要推翻清朝，同時還在思考、主張終止傳統國體，以其他形式取而代之。

刺激革命派出現，其中一項重大因素就是梁啟超所寫的《戊戌政變記》。這是中國歷史上第一次，近乎是即時地將政局巨變的內幕，用如此紀實的方式鮮明呈現，震撼了所有關心的人。梁啟超的結論是呼籲大家起而救皇帝，讓光緒可以回來，變法可以繼續推動。然而許多讀《戊戌政變記》的讀者，卻體會到其中的強大荒謬，產生「事不可為」的空虛與憤怒之感，不再能接受「保皇」的態度，轉而相信只有在清朝政權及皇帝之外，才能找到中國的出路。

第五講

康有為、梁啟超與改革派困局

01 康有為最大的特性來自於「排斥」

梁啟超寫過一篇長文，也可以稱為一本小書，叫《南海康先生傳》，其中有一章專門談康有為的信仰與學術。

梁啟超界定康有為的思想核心是「排斥俗學」，有三個不同的發展階段。第一階段是「排斥宋學」，因為「宋學」，也就是理學，只講「孔子修己之學」，集中凸顯孔子關於個人修養的部分，窄化了孔子的關懷，遺落了「孔子救世之學」，即在公共一面的講求。

第二階段則是「排斥歆學」，這裡指的是寫作《新學偽經考》的用意。康有為所謂的「歆學」，是傳統上的「古文經」，他認定古文經都是假的，是由劉歆為了替王莽的新朝提供歷史合法性而偽造出來的。

第三階段轉而「排斥荀學」，批判的對象是荀子思想，理由也是荀子窄化了孔子的關懷。孔子的歷史觀反映在《春秋》上，有「據亂」、「小康」、「大同」三個時期，也是三種社會狀態，然而荀子及其所建立的後世儒家傳統，「僅傳孔子小康之統，不傳孔子大同之統也。」出於這樣的看法，康有為寫了《大同書》來彰顯「大同之統」。

在他最重要的學生、聰明敏銳的梁啟超眼中，康有為最大的特性來自於「排斥」，或說在思考上的高度批判性。梁啟超之所以第一次去見康有為，就得到如同「冷水澆背」般的巨大刺激，正因為他自己原本讀書所接受、所相信的，幾乎在那一天談話中都被康有為「排斥」了，這個不對、那個也不對，這個沒有價值、那個也沒有價值。

康有為的批判性極其強烈，對應的是他在想法上極其主觀，同時在表達上也習慣採取一種「語不驚人死不休」的風格。他敢於做主觀論斷，尤其是和一般人所知道、所相信的很不一樣，甚至是相反的論斷。而且對於自己的主觀論斷，他會非常堅持、固執辯護，很難和別人平靜討論，更難被別人的相對論理改變。

因而在那個時代，康有為的影響絕對不只限於政治上參與、主導了「戊戌變法」。他的政治參與活動，和他的思想是一體兩面、二而一地彼此辯證加強的，如此形塑了康有為的特殊角色與地位。

02 古文經偽於劉歆，今文經改於孔子

康有為在政治領域登場前，已經提出過一些思想、學術上的主張，寫了《新學偽經考》和

《孔子改制考》。其中《孔子改制考》書裡的意見——經書不是真正從古代傳留下來的，而是孔子「為後王立法」、「托古改制」創造的——太過驚世駭俗，所以到三十歲以後才發表。

《新學偽經考》承襲清朝考據學「辨偽」的風氣，受到思想家廖平的啟發、影響，甚至一部分抄襲了廖平的考據論證，大膽地將「辨偽」的矛頭指向整個「古文經」，不只認定這些書都不是古老文獻，更進一步認定這些書是劉歆所偽造的，目的是替王莽篡漢服務。如此就不單純只是文獻真假的問題。劉歆不是什麼了不起的聖人，偽造又出自篡奪的卑下動機，那麼這些古文經的內容就不僅不是真理，而且還是有害的，已經貽害了一、兩千年的中國讀書人！

所以不能相信古文經，「今文經」才是正統。但在《孔子改制考》中，康有為並非將今文經的正統地位建立在真實古代文獻的原本上，而是要證明這些字句是孔子動過手腳編定、甚至創作後的成果。不同於傳統上的說法，康有為主張孔子編寫的目的是要「托古改制」，不是真的為了保留封建「禮樂」的原樣，為了復原周文化，而是進行了配合當時及後世所需的種種修改。

這樣的大膽論點，已經為康有為帶來特殊的名聲與形象，他是世人眼中異於流俗、異於傳統的讀書人。等到他在「戊戌變法」中扮演核心角色，更是成為中國改革派士人的精神領袖，他的著作吸引了許多新的讀者，贏得了許多信奉者。

康有為當然是尊孔的，在《孔子改制考》中認真看待孔子的「素王」身分，要證明孔子並非「述而不作」，而是「以述為作」，不只是文化的傳承者，更是有意識地訂定後世制度的開創者。不過在這樣的論述中，卻埋下了嚴重破壞孔子與儒學權威地位的因素。

在《新學偽經考》中，劉歆是個被揭發為了政治目的而偽造經書的壞蛋；然而在《孔子改制考》中所刻劃的孔子，做的事情和劉歆沒有很大的差別啊！他不也是為了政治上的理由，所以改造了經書，將自己的想法依託到古老的文獻上？

受到康有為及普遍「辨偽」風氣影響的讀書人，現在一打開古文經，想到的是劉歆可惡的偽造，這樣的經書內容不可信；但打開其他經書，想到的同樣是孔子動過的手腳，也不是歷來大家相信的原本啊！這些都是「偽經」，都是假的。

清朝的學術主流是考據學，目的是要「考其真」——找出真實的字句，以及字句所傳達的真實意思。可是到了清末，考據學的目的一轉而成為「辨其偽」，重點變成要想辦法找出假書，或證明書中有假的內容，而一個人進行考據的成就高低，主要以他能找出多少「假」而不是證明多少「真」來評斷。

考據學剛發展時，其標準建立在讀書人能在書中找回多少「孔孟本意」；但到了這時候，標準變成了能推翻多少書中宣稱的歷史基礎。再往下到了民國時期的「古史辨」運動，其前提是所有的古代資料都不可信，要全部重新檢驗過。這樣的學術思想動向，與政治上愈趨激烈不滿現實的態度，彼此互動、循環影響，而康有為是其中的關鍵人物。

03 出亡日本，廣搜日本書而讀的梁啟超

一八九五年上京考試，老童生老師康有為考上了，天才少年學生梁啟超卻落榜。所以一八九八年「戊戌變法」展開時，梁啟超仍然是「布衣」，無法真正擠入被皇帝重用的核心團體中。

在核心的除了康有為之外，另有四位破例由皇上賜予四品資格任命的「軍機章京行走」，他們是「變法」中實質取代軍機大臣，直接對皇帝負責的。這四人是林旭、劉光第、楊銳和譚嗣同。正因為他們最重要，就成了「戊戌政變」中首先被捕、隨即被殺的殉難者。

梁啟超當時只負責譯書局，一得到政變風聲，立即逃到日本大使館避難，之後和康有為分別出亡日本。順利逃離中國之後，梁啟超的地位開始節節上升。「康梁」當時是在日本政府的大力協助下出亡，不只安排航船，還提供生活費，甚至讓梁啟超寄送五百元資助逃到澳門的父親。另有橫濱商界華僑出資，讓梁啟超在橫濱辦《清議報》，創造批判清廷、倡議改革的言論。

有了這樣的經歷，梁啟超當然對日本的「明治維新」留下深刻的印象與感受。出亡期間，為了避免被搜查，梁啟超曾經假造日本身分，取名為「吉田晉」。之所以取日本姓「吉田」，來自梁啟超對吉田松陰的敬佩。

吉田松陰是長州的下等武士，卻和坂本龍馬一樣，很早就對西方感到好奇，積極想要了解西

方。他一度偷偷潛入俄羅斯的船艦，希望能夠出洋，卻被發現趕了下來。又一次，他自己划了一艘小船，靠近美國軍艦，請求對方讓他上船帶他去美國，當然還是被拒絕了。

因為參與維新倒幕，吉田松陰一度被捕，他就在牢裡教起書來，後來設立了「松下村塾」，許多來自長州的維新志士都曾經在「松下村塾」聽過課。吉田松陰被殺時才二十九歲，但已經在日本維新歷史上留下不可磨滅的功績。

出亡那一年梁啟超二十六歲，選擇了吉田松陰作為自己在中國政治上想要扮演的角色典範。到了日本之後，他如飢似渴地展開了藉由讀書來認識西洋、認識世界的努力，也就使得他和老師康有為之間有了愈來愈大的思想差距。

梁啟超曾寫過一本今天沒有人會要閱讀的書，書名是《和文漢讀法》，這是教人家如何立即、快速地讀懂日文書。當時的日文書中使用很多漢字，假名的比例相對很低，所以只要稍微了解日語文法的順序，光是看漢字，可以完全不必學平假名和片假名，更不需要知道漢字讀音，不必懂任何一句日語，就能夠吸收日文書中的訊息。

梁啟超自己形容：

> 自居東以來，廣搜日本書而讀之，若行山陰道上，應接不暇，腦質為之改易，思想言論與前者若出兩人。每日閱日本報紙，於日本政界、學界之事，相習相忘，幾於如己國然。（〈夏威夷遊記〉）

因為能夠如此快速且大量地閱讀，他很快就習慣了日本的情況，被日本的環境改造了自己的思想觀念。

還不只如此，當時由西方譯介進入日本的書籍已經累積超過萬種以上，梁啟超可以不必再仰賴極為有限的中文翻譯，而是透過日文大量吸收西學。

04 體認僑界力量與康梁師生的分歧

讓梁啟超眼界大開的還有另一件事，就是接觸到日本的僑界，具體感受到他的同鄉廣東人在外面的勢力。他突然意識到在中國以外的地方有那麼多僑民，他們都會講廣東話，而且這些人有很強烈的國族意識。據說光是廣東人在海外就有五百萬之多，如果將他們都聯絡組織起來，簡直可以自成一個小國。

這項發現刺激他產生了一個既現實又天真的想法：如果開辦一個商會，入會的每個人只需繳兩塊錢，五百萬人中只需有一半的人願意加入交錢，那就有五百萬了，而五百萬可以做很多很多事！他以自己所在的橫濱來估算，認為大約有兩千人願意加入，因而感到極度樂觀。

海外華僑在此之前大多和家鄉保持聯繫，卻很少和故國的政治發生關係。最早在華僑間進行政治動員的，是孫中山和他所成立的團體。於是透過和華僑的接觸，梁啟超也第一次意識到革命分子的存在，了解到他們的革命主張。

經由日本友人宮崎滔天的介紹，梁啟超認識了孫中山，兩人剛開始還有頗為親近的互動。他們都是廣東人，孫中山能言善道又充滿熱情，很快地就將他的革命想法感染、打動了梁啟超。日本政府之所以很快就決定出手救助「康梁」，一部分也是因為在日本已經有一批包括孫中山在內的革命派人士，加強了日本對於推動中國變化的關切。「康梁」和孫中山都是漢人，都對滿清朝廷抱持反對態度，在日本人眼中都是「新黨」，便試圖讓雙方合作、合併。

梁啟超傾向接受這樣的發展，卻在老師那裡碰了一個大釘子。康有為自認有著不同的身分，他是接受光緒皇帝「衣帶詔」[5]囑託的，必須忠於皇帝，所以絕對不能和要推翻皇帝的革命反逆派接觸。

康有為的態度是反慈禧太后，卻絕對不反有光緒皇帝的清朝，所以要拉攏海外僑民來「保

5 「衣帶詔」指的是藏在衣帶裡的祕密詔書，典出漢獻帝將誅殺曹操的密詔縫於衣帶交給董承。戊戌政變前，光緒皇帝將一封密詔交予軍機章京楊銳，內有「近來朕仰窺皇太后聖意，不願將法盡變」、「朕之權力實有未足。果使如此，則朕位且不能保」、「爾等與林旭、譚嗣同、劉光第及諸同志等妥速籌商……朕實不勝緊急翹盼之至」等語。康有為見到密詔後篡改諭旨，策動「圍園」密謀，這份密詔也成為康有為在海外號召保皇活動的憑據。

皇」，在加拿大成立了「保皇會」，又在多個國家設立分會。保皇會兩大相關目標，一是衛護光緒皇帝，二是反對慈禧政權，是純粹由「戊戌政變」延續而來的組織，要推翻政變的結果，以便繼續進行變法維新的改革。

康有為將他得來的名聲，以及從名聲得以募來的資源，都投入在成立保皇會。他不讀日本書，認定華僑理所當然應該心向中國，更應該擁護光緒皇帝，完全沒有像梁啟超那樣感受到巨大衝擊。

「康梁」師生二人不再有完全一樣的立場。一八九九年六月，梁啟超找來同樣認康有為為老師的十二個人，在鐮倉的江之島聚會結拜。然後以這十二人為主體，稍有增減，形成了「同門十三人」，聯名寫了一封〈上南海先生書〉，表達他們對於國事和老師不一樣的看法。

關鍵的差異就在於認為「國事敗壞至此，非庶政公開，改造共和政體，不能挽救危局。」接著表示，大家知道老師對於光緒皇帝的效忠態度，不過既然大家都知道皇帝如此賢明，也就可以在推翻帝制成立共和之後，將皇帝推舉為第一任總統。然後更冒犯的段落還說：「吾師春秋已高，大可息影林泉，自娛晚景。」請老師退休吧，往後的事交給年輕人來承擔處理。

康有為當時已到北美，收信後非常生氣，首先回應表示決然否定他們的意見，其次他將梁啟超派到檀香山去，顯然知道這件事的核心人物是這位大弟子。將他調離開之後，剩下的「十三同門」很快就潰散了。

05 飲冰室主人在檀香山的保皇活動

也是在一八九九年，梁啟超給自己取了「飲冰室主人」的別號，後來就一直以此自稱，所以他的作品叫做《飲冰室文集》、《飲冰室全集》。

「飲冰」的典故出自《莊子．人間世》，有一位楚國大夫被派去出使齊國，說了一句感嘆的話：「今吾朝受命而夕飲冰，我其內熱與？」早上接到這樣的使命，到了下午我就焦躁到非吃冰不可，像是身體裡有火在燒似的。梁啟超以此來比擬自己的心情，是如此著急、如此焦慮。

讓他著急、焦慮的當然是時局與國事。他和老師康有為的關係出現裂隙，主要是他感覺到「保皇」太保守、太慢了，不足以應付目前的現實危機。尤其接觸到孫中山等革命派的想法，他發現在進展速度上，革命比保皇要快得多了。

但在「十三同門」事件後，他還是聽話地離開日本，到檀香山經營、運作僑社。梁啟超拜託孫中山，他是帶著和檀香山有長遠家族淵源的孫中山寫的信去的。依照原來計畫，他只要在檀香山待一個月，將那裡的保皇會建立起來，然後就轉往美國。

不料到了檀香山，卻遇到檢疫問題而無法前往美國，被迫在檀香山停留了六個月。六個月時間裡，保皇會的組織聲勢愈來愈大，以至於造成檀香山僑界的明顯分裂，分成了「革命派」和

「保皇派」兩大陣營。

從革命派的眼中看來，梁啟超的做法真是卑鄙又忘恩負義。拿著孫中山的介紹信得以接觸檀香山僑界，竟然將這些原本支持革命的人拉去轉投保皇派。到一九〇〇年二月，梁啟超從檀香山寫了一封信給康有為，帶著請罪的口氣向老師報告：自己在檀香山加入了「三合會」，必須訴諸這種非常手段來推動保皇會。

依照梁啟超信中的描述，檀香山的華僑中，十個有六、七個屬於三合會。剛來時他對僑胞演講，聽眾大多喜歡他說的內容，但願意加入保皇會的卻寥寥無幾。等到梁啟超同意加入三合會，情況立刻改變。他們給予他會中的領導地位，同時集體投身加入保皇會。

結果形成了兩個團體之間的密切聯盟關係。檀香山保皇會的「副總理」、「協理」都是三合會組織中的要人。

突然之間，藉由梁啟超加入三合會，藉由三合會的聯盟支持，保皇會急速壯大，就和原本屬於革命派的「興中會」發生更嚴重的衝突。梁啟超對老師宣稱他加入三合會的成果：「弟子今日能調動檀香山彼會之全體，使皆聽號令。」這當然是誇大之詞，不過保皇會在這裡挖走了原先革命派的部分支持者，卻是不爭的事實。

06 革命派與保皇派的外援拉鋸

一九〇〇年年初，被外國干預而無法換掉光緒皇帝的慈禧政權有了新的動作，宣布立端郡王載漪的次子溥儁為「大阿哥」，也就是皇儲太子。不只立太子是大事，而且這還是破壞祖宗家法的大事，引發許多猜測的大事。「戊戌政變」後，慈禧太后對光緒皇帝感到芒刺在背，表面上立太子，然而傳言沸沸，尤其讓保皇派大感危機，認為這是慈禧太后要毒殺皇帝的準備，先安排好繼任者。

立大阿哥的時間是在光緒二十五年年底，更啟人疑竇，傳言連新的年號都取好了，叫做「普慶」，下一年庚子年就要改成「普慶元年」。本來要換皇帝，後來變成了立大阿哥，原因仍然是顧慮外國勢力可能的反應。榮祿判斷外國人不可能接受此時換皇帝，力勸太后收手改為立太子。

一時政局動盪，消息傳出後各方反對。保皇派更是大受刺激，光緒皇帝都要被殺了，還能不趕快採取行動嗎？這也暴露出保皇派最嚴重的問題，他們將一切希望都放在光緒皇帝一人身上，豈不也等於鼓勵太后和她身邊的人想辦法除掉光緒皇帝，沒這個人保皇派也就瓦解了。

當時在海外的梁啟超受此刺激，不得不將辦報寫稿等工作放在一邊，緊急安排發動起義救皇帝。真的要行動可就麻煩了，要有錢還要有人。他們積極向華僑募款，準備用來發動「勤王之役」，這就更直接影響到孫中山等革命派原來的經營基礎。兩派訴求同樣的華僑資源，形成了零和競爭，保皇派有著危急動機可以獲得較多資源，相對地革命派要募款就愈來愈難。

一九〇〇年，從保皇勢力分支在上海成立了「自立會」。自立會是以原先就存在的「富有山」為基礎形成的，而「富有山」是洪門組織中較大的一個山堂。所以自立會是以譚嗣同好友唐才常和康有為等人為骨幹，團結中國東南各省會黨所組成的，是「哥老會」的延伸團體。

所以自立會採用「正龍頭」、「副龍頭」這種江湖稱號，「正龍頭」必定要是原本的會黨幹部，至於唐才常、康有為等非會黨分子，則尊重他們的社會地位，掛上「副龍頭」的頭銜。唐才常、康有為是「副龍頭」，梁啟超、林圭等則是再低一層的「總堂大爺」。不過，自立會一方面接受「康梁」領導，另一方面又「遙戴中山先生」（馮自由《中華民國開國前革命史》），稱孫中山為「極峰」。

這段記錄顯現了當時革命派的主力，在海外是三合會，在國內是哥老會；而保皇派卻積極介入，由梁啟超在檀香山加入三合會，又在「勤王之役」中聯繫上哥老會。這些會黨分子其實並不清楚革命派和保皇派之間的差別，他們是以慈禧太后領導的清朝政府為敵人，以打倒清朝政府為目的。

07 合法性與前瞻性都不夠的勤王之役

「勤王之役」當然沒那麼容易。要發動戰事很不容易，一旦戰事發動了，還要設想失敗或成功時要如何處理後續。

這段時間裡，梁啟超密集寫信給康有為，步步進逼康有為做出明確的決定，到底這場起義的程序要如何安排。其中一封信中，梁啟超明白地說：千辛萬苦動員是為了救皇上，但考慮現實只能從南方發動，在廣東或長江流域起事，離北京還很遙遠，就算戰役順利成功了，也不可能立刻就讓皇帝脫離苦海。

他要求現實地設想可能的情境。起義之後難道部隊可能直奔北京？到了北方可能敵得過榮祿在直隸所率領的五支正規軍嗎？還有，就算我們真的打贏了清軍，後面還有俄羅斯，有什麼把握俄羅斯不會出兵？要用如此從會黨中動員起來的「烏合」抵抗如「虎狼」般的俄羅斯軍隊，更不可能有勝算了。

再進一步推論：如果俄羅斯趁機占領北京，將北方劃為他們的勢力範圍，那英國、法國有可能坐視嗎？費了那麼大力氣起義勤王，帶來的結果是讓列強瓜分中國，這樣對嗎？

設想另一種選項：如果從南方起義成功，理應不要再往北，先占領長江以南地區站穩腳步，讓自己的實力成長。但這樣也不行，因為起義掛的堂皇旗幟是「勤王保皇」，皇帝在北京又憂又病，能等得了我們慢慢在江南壯大實力嗎？

據見過光緒皇帝的外國使者描述，皇帝看起來憔悴不堪，萬一等不到我們去救就大去了，那時候怎麼辦？所以起義的理由一定要從「勤王」改為「討賊」，征伐慈禧太后他們那班人。但如此更逃不過這個問題，一定必須提出交代與承諾：如果討賊成功，這國家由誰來領導？甚至沒有了光緒皇帝，將來國家屬於誰呢？

梁啟超層層剖析、步步進逼，逼出了他到這時候在思想上和老師康有為最大的差異。因為康有為一直「深惡痛絕民主政體」，可是梁啟超卻想不出來，如果光緒皇帝死了，中國的政治除了民主還有什麼別的出路？

康有為沒有回答，他顯然無法回答梁啟超的雄辯逼問，其實在那個局勢下，他的回答也沒有意義了。現實情況是：自立會是藉著對滿清政權的強烈厭惡而集結的，至於「討賊」之後該怎麼辦，有太多不同的想法與講法，完全無從統合。像是梁啟超根本已經失去對於「救皇帝」這件事的熱情，可是康有為卻無論如何無法接受為民主政體而起事的想法。

合法性與前瞻性都不夠的情況下，保皇會從頭到尾就只籌劃動員了這麼一場勤王之役，還沒真正行動就被清朝擊破，唐才常等人因而犧牲。

08 康、梁的思想衝突：自由與保教

「自立軍」失敗後，梁啟超和康有為在思想上愈行愈遠，在幾個關鍵價值信念上很難取得彼此同意。

梁啟超曾經表達他對於西方「自由」觀念的認識與理解，卻引來康有為一封措辭強烈的指責信函。梁啟超的答辯信中，清楚表現出他準備要和老師決裂了。他明白地說，雖然老師對「自由」深惡痛絕，但我不可能因此放棄對「自由」的信奉與衛護。同時梁啟超重申：「於天地之公理與中國之時勢，皆非發明此義不為功也。」（〈致南海夫子大人書〉）

康有為反對自由，舉法國大革命發生的種種動盪亂象為例，但梁啟超認為法國大革命的例子不應該拿來比擬中國。因為法國的民情和中國剛好相反，「法國之民最好動，無一時而能靜；中國之民最好靜，經千年而不動。」所以法國人受到盧梭論點的煽動，繼而爆發為動亂，這種事不可能在中國發生，盧梭的思想剛好可以讓長期安靜不動的中國社會動起來。

再對比看，中國數千年從來沒有「自由」的觀念，但那麼多次改朝換代的變化中，難道就沒有動亂嗎？動亂之禍不亞於法國大革命的狀況吧！所以不能將動亂單純歸罪於「自由」。其實造成法國大革命動亂的不是「自由」本身，而是對於「自由」的種種誤用，問題在人而不在觀念。

「康梁」師生另外一個衝突點是「保教」，牽涉到康有為對「孔教」的看法。康有為借鑑西方歷史，認為西方之所以強大，是因為有基督教，所以主張中國應該模仿西方建立統一的宗教，而「孔教」便是最好、最適當的選擇。

梁啟超卻不以為然。他公開寫了〈保教非所以尊孔論〉來反對康有為的意見。文章說：「我中國學界之光明，人物之偉大，莫盛於戰國，蓋思想自由之明效也。」中國思想最燦爛的時期是戰國時代，因為那個時代的思想最自由。可是從戰國之後，就是一連串自由受到限制、因而思想愈變愈窒息的趨向。秦始皇焚書坑儒帶來一次災難，漢武帝罷黜百家是另一次。

漢朝以降，號稱實行孔子思想兩千多年，但過程中又表彰這個、罷黜那個，有正學、有異端，搞得所謂的孔子思想也愈來愈狹隘，每況愈下。孔子變成馬融，變成鄭玄，再變成韓愈、歐陽修、程頤，再變成朱熹、王陽明，這就不是孔子了。

現在談「孔教」的，稍微和前面的不一樣，不再限縮孔子思想的內容，相反地要予以推廣，所以拿近代的新學新理附會，說某種新學問和孔子的什麼說法很接近，某種新理論其實孔子已經說過了。梁啟超表示雖然同情敬重如此用心良苦，但畢竟無法認可用這種方式扭曲了孔子的真面貌，而且更加阻礙了人自由地發展思想。

不是孔子的思想，幹嘛一定要賴到孔子身上？孔子活在兩千年前，怎麼會預知兩千年後的事？兩千年後有很多孔子不會知道的學問理論，有什麼不對勁、有什麼丟臉的嗎？難道我們會因為這樣就看不起孔子嗎？

蘇格拉底沒有搭過輪船，造輪船的人就可以不尊敬蘇格拉底嗎？亞里斯多德沒有用過電，創造電線的人就能夠鄙薄亞里斯多德？孔子有其聰明之處，他的看法有些會暗合今天的新學新理，這是很自然的。不過關鍵在於，我們是因為新學新理能夠說服我們所以接受，而不是因為和孔子思想暗合、因為孔子說過才相信。那樣是相信孔子而不是相信真理。如果抱持這種態度，那遇到無論如何在孔子思想、在六經中都找不到可以比附的道理，即使是再確切不過的真理，你也不敢接受了。

09 連大弟子都強烈反對的《大同書》

一九〇二年，梁啟超又有一封信給康有為，列舉了三件事——民主、撲滿、保教，表示他和老師之間有截然的差別，就算當下順從老師，將來也仍然不可能貫徹實行。所以與其敷衍，不如徹底誠實地披肝瀝膽，將話都說清楚。

首先，這是個民族主義最發達的時代，缺少民族主義就無法立國，所以不可能不追究漢滿民族立場。要喚起民族精神，不能不反對滿洲人。就像日本是從「討幕」中建立起新國家，中國最好的途徑就是「討滿」。滿洲人的政權已經沒有什麼值得期待的，到現在還在指望「歸政」，還堅持「復辟」的立場，那要如何實現？

就算光緒皇帝真的重新得到權力，將我們這群人都召回去，「滿朝皆仇敵，百事腐敗已久」，又能做什麼，怎麼可能遂行我們的意志和目標呢？

這是承認「戊戌變法」完全失敗，沒有恢復、延續的可能，在這點上，梁啟超也和康有為決裂了。而且雖然沒有直白說，但言詞中抬高了「反滿」的必要地位，那麼就連過去所效忠的光緒皇帝也是滿人，此時對梁啟超來說都不是能夠接受的領袖，他絕對不可能再和滿人朝廷合作。

康有為出版了自認是一生心血所繫的《大同書》之後，梁啟超又有一信。前面先解釋不是自己要攻擊老師的思想，批評老師是件痛苦而且對自己沒有任何好處的事，會招惹別人指責為「反覆小人」。但即使如此，因為牽涉到國家思想，他不得不表明對《大同書》的強烈反對。

他說西方人新近的著述，在談國家主義時，會習慣標舉一個世界大同的理想，作為「襯筆、別筆」，也就是行文的增飾。像是馬克思講未來的共產主義社會，或是功利主義者設想眾人共同追求最多數人最大快樂的境界。老師這樣大張旗鼓講「大同」，自以為獨創，但其實是老師不讀西方人作品，所以不知道這樣的主張人家早就講過了，而且講了很多！

雖然文中他繼續稱呼康有為「先生」，但實際上師生身分倒了過來，梁啟超在訓誡康有為對西方著作的無知，並且替他開書單。柏拉圖、湯瑪斯・摩爾、聖西門等，對於「大同」都提出了非常詳密精到的說法，而且都引發了幾十家的反駁或補充意見，在西方已經成為思考與著書的背景常識。

《大同書》或許還能在中國找得到一些無知的人受到啟發，但接受過一點西學的人，應該都會認為這實在沒有什麼新意，他們如果對作者的看法不表讚賞，那並不等於有敵意。這種覺得《大同書》不過是老生常談而實在無法勉強自己表示讚賞的人，就包括了梁啟超。

兩人的決裂，相當大的程度是康有為經歷了「戊戌變法」的一時意氣風發，從此選擇將自己和光緒皇帝牢牢綁在一起所造成的。甚至他學習西方知識，都只是為了輔佐皇帝進行改革。「變法」時他是全朝廷眼光最開闊的一位朝臣，才沒有多久，和新一代所吸收的知識相比，他的視野變得如此狹小，只看得到西方有基督教，只在意中國也應該提倡一個統一的「孔教」。

康有為代表改革派，又抱持堅決的保皇態度，而且顯露出連大弟子梁啟超都受不了的狹窄立場，相當程度上使得清末改革派的聲勢大為挫折，也讓革命陣營得以快速壯大。

10 先啟蒙再救國，還是先救國再啟蒙？

保皇會無論在海外還是國內，都沒有自己的勢力，必須依靠僑社和會黨的既有資源。然而僑社和會黨同情改革派，卻和「保皇」、支持光緒皇帝沒有直接關係。於是康有為「保皇」的目的與所動員的手段快速分離，在勤王之役失敗後就很難再有什麼作為。

一九〇一年，梁啟超經過遊歷檀香山、新加坡、澳洲等地，又回到日本，重拾離開前所從事的工作——寫作與辦報。他從《時務報》到《清議報》，此時又辦了《新民叢報》。他一直在寫文章，一直在辦報，但《新民叢報》有著很不一樣的新階段意義。

辦《清議報》是為了聚攏同志，尤其要聯絡僑社，引導僑社的思想。到了辦《新民叢報》，他的用心重點放到了「新民」上，開始有意識地進行長期的啟蒙工程。沒有任何人比梁啟超更適合或更擅長於這樣的啟蒙覺醒工作。他頭腦清楚，能夠快速地吸收並消化新知，更重要的，他有著具備高度感染力的修辭與說服風格。

他開始用心撰寫「新民說」系列文章，針對一般中國讀者，提供他認為現代國民所需要的基本常識，以理解現代世界與現代社會。《新民叢報》引起很大的迴響，梁啟超的文章到處流傳，甚至產生了流行的「新民叢報體」，那是一種介於文言與白話之間最新潮的文體。

到這時候，梁啟超確切脫離了康有為，走出一條自己的道路，而且很快地就超越了康有為。那是兩種意義下的「超越」——在名聲與影響力上超越了康有為；更在西化與自由追求的態度上超越了康有為。從一個保皇派的次級人物，轉身成為提倡以啟蒙進行改革的首要領導者。

於是由梁啟超所代表的改革派，就和革命派有著不同的競爭關係。雙方仍然留有當時搶奪僑社資源留下來的齟齬，而此時的路線差異更轉化為啟蒙與救國的選擇。改革派視為最重要的，是引進現代知識對民眾進行改造；革命派要的，卻是盡快推翻滿清、建立共和，以求不被列強瓜分亡國。

梁啟超以他那種排山倒海的文字氣勢，證明喚醒民眾、創造新國民是可能的。然而孫中山所帶領的革命派卻著眼於列強愈來愈無情的侵略行為，顯現中國已經落入孫中山所謂的「次殖民」不堪狀況，等不及去啟發民眾了。一邊是先啟蒙再救國，啟蒙才能救國；另一邊則是先救國再啟蒙，不救國就連啟蒙的機會都沒有。

孫中山的主張是無論用什麼手段，都應該先將共和或民國建立起來。即使運用的是沒有現代知識更缺乏民主觀念的會黨，出於反滿情緒而推翻了清朝，只要取而代之的是共和政體，那麼共和本身便是最大的啟蒙影響力量。他要立即革命，甚至為此而逆轉傳統「知易行難」的說法，建立「知難行易」的理論。去做相對容易，要知道為什麼這樣做的道理比較難；一個人會走路了，卻要另外花很大工夫才能了解走路行進的原理。

革命事業就是「知難行易」的實現——先做了再說，先將滿清推翻了再來向民眾解釋道理。從一個角度看，革命的確突然就成功了，在還沒有通盤準備的情況下，清朝就垮了，才會由孫中山當上中華民國的第一任臨時大總統。然而換另一個角度看，沒有啟蒙基礎的條件下，新建立的中華民國亂象叢生，跌跌撞撞了一、二十年，甚至無法維持一個能運作的政治體系。

啟蒙或救國孰先孰後的爭執，不可能有簡單清楚的答案，這個問題綿延困擾了民國建立之後所有關心中國前途的人。大部分的人都在這兩者之間游移變動。一方面憂心中國人民如此無知、落後，少了啟蒙的過程，絕對無從構成一個強大的國家；另一方面也憂心啟蒙進度緩慢，需要漫長卻難以等待的時間，還沒等到啟蒙的堅實結果，中國就先滅亡了。

啟蒙與救國到後來不只是兩種路線，還強化成為兩種意識形態，彼此間有時和諧並行，有時緊張衝突；有時這方被壓下去，有時那方被消音。看待二十世紀中國現代史的一種方式，就是去追索、整理這兩種意識形態的互動情況，而其開端起點，可以溯及梁啟超和孫中山的「改革—革命」陣營的對立競爭。

第六講

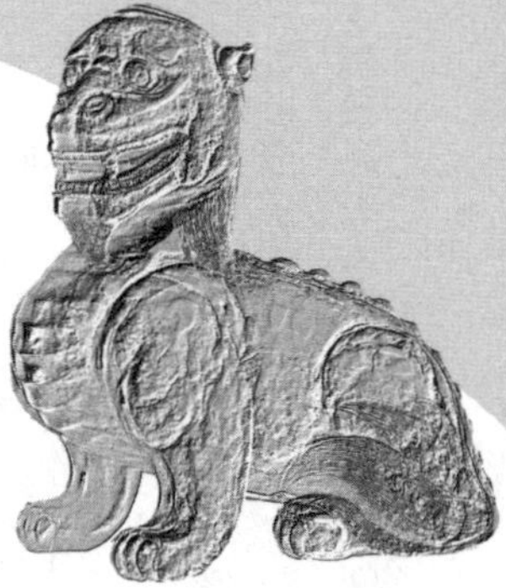

義和團、八國聯軍與清廷的變化

01 義和團：一件荒謬近乎瘋狂的突發事件

這套書的基本精神是「重新認識中國歷史」，而之所以要重新認識，是因為我看到制式教育將歷史當作事實來教，使得很多人都覺得歷史很無趣、很無聊。如果歷史就是一堆事實，那我們就只能完全被動地接受，在學校裡將這些事實背下來應付考試，如此而已。

我努力想要告訴大家的是我所認識、我所了解的歷史不是這樣，而是解釋重於事實。羅列出一連串的過往事實不是歷史，歷史也不應該只是去記得發生了什麼事，歷史的核心是從龐大的史料、史實中選擇出一部分，建立彼此之間的連結，讓我們看到人事在個體或集體層次，會產生多少不同的因果關係。如此歷史是可以也必須被討論的，每個人對於歷史解釋會有不同的認知。換一個方向看，累積了對於過去人事因果關聯的理解，會影響、更有助於我們當下對應、處理現實人事的互動和變化。

不過需要提醒的是：在尋找、進行歷史因果解釋（explanation）時，很容易會變成對於選擇來解釋的人與事給予合理化（justification）。每件事都有來龍去脈，都有因果連結，好像就有其不可避免的必然性——事實上發生了，好像道理上也非發生不可；既然是可以解釋的，好像也就有存在的必然性。

這在敘述、解釋「義和團事件」時需要格外提醒。我還是必須先說：義和團是明確的歷史現象，而且是影響重大的歷史事件，所以當然需要解釋，但這件事在那個時代發生，本身還是具有高度的荒謬性。

荒謬有幾層不同的意思。一層是從我們今天的常識判斷回頭看覺得不可置信，為什麼會發生這種事？為什麼有人會相信靠著符咒可以抵擋洋槍洋炮？而且滿朝讀書人所構成的清廷，竟然會認為能夠藉著義和團的力量勝過西方列強？

不過歷史知識之所以有意義，就是得以提醒我們不要將今天的常識當作放諸四海皆準的真理。不同時代的人有不同的信念與價值觀，他們的信念與價值觀和我們的不一樣，並不代表他們的就沒有道理，應該被我們嘲笑或輕賤。

例如在《不一樣的中國史》第三冊中介紹過春秋戰國時期普遍的自殺現象，以及自殺背後的生命態度。那個時代的人不覺得單純活著、活下去有那麼重要，具有至高、絕對的價值。在他們的認知中，有很多比活著更重要的價值原則要信守，為了維護這些原則，他們很容易決定犧牲生命。這種態度當然違背我們今天的常識，但透過歷史例證，我們可以理解他們的選擇，甚至感動、尊重他們的選擇。

之所以說義和團事件荒謬，還有一層意義。那就是在當時的環境中，會出現這樣的事，都帶著強烈不可思議的性質。這樣的現象放回那個歷史環境中，都是高度意外、偶然的，是有種種非常狀況湊在一起才產生的。因而我們不能用義和團事件來看待和判斷中國政治、社會與文化的一般狀況。

中國的皇權一般沒有這麼糟，有其內在的節制，不會讓皇帝如此依賴民間迷信，更不會讓皇帝做出等於向世界宣戰的決定。中國的社會一般沒有那麼糟，有著士人與鄉紳為骨幹支撐著，不會讓如此狂亂的力量席捲這麼廣大的區域。中國的文化一般也沒有那麼排外、那麼暴力、那麼非理性，有其一套穩定並具備理性基礎的價值觀。

必須先確立這是一件荒謬且近乎瘋狂的突發事件，我們才能試著找出盡可能平和的方式予以描述，對於能夠解釋的部分盡量提供解釋。

02 曹州教案與德國占膠州灣的遠因

回溯義和團事變的起源，和「戊戌變法」同樣來自發生在山東的「曹州教案」。關於曹州這個地方有個最有名的歷史淵源，那就是《水滸傳》中「梁山泊」的所在地。這是傳統上出盜匪、出響馬的地方，民風剽悍，比中原地帶更遠為不馴。

另外德國人一直在山東積極投資，表現出愈來愈高的野心。一八九六年（光緒二十二年），德國正式對總理各國事務衙門提出了租借膠州灣五十年的要求。總理事務衙門不可能答應，不只是不能任意將港灣交給外國政府，更重要的，在各國都具備「最惠國待遇」的情況下，如果答應了德國，必將引來所有國家都要援例租借港灣的壓力。

但總理事務衙門也不能直接表示拒絕，只能拖著。到一八九七年發生了「曹州教案」，德國趁機向清廷提出六項要求。第一項是最容易做得到的——將當時的山東巡撫李秉衡革職永不敘用。第二項不難，要求賠償教案中遭破壞的三座教堂建築費用，不過德國人獅子大開口，每一座教堂算六萬六千兩，外加三千兩失物賠償。第三項，要求提供二萬四千兩在山東七個縣蓋傳教士住所。第四項，中國道歉並保證永不再犯。

前面四項直接和「教案」有關，然而還有後面兩項：第五項，要求中德合資在山東蓋鐵路和開發礦場；第六項，賠償德國軍費數百萬兩。接著又提出將「膠澳地區」交付德國租借九十九年。為什麼中國人殺教民、燒教堂，結果德國人就要來經營鐵路和開礦呢？這很明顯是不講理地要趁機奪取在中國的利權，但為了避免事端擴大，清廷同意了。就是這樣的經過，使得康有為沉痛地第五度寫下萬言書。

山東巡撫李秉衡在事件發生前原本要調到四川，卻因為德國人的要求，他的四川總督職位落空，後來死於八國聯軍戰事中。在李秉衡、張汝梅之後，山東巡撫職務交到了滿官毓賢的手裡。毓賢的風格與事蹟，鮮活地記錄在劉鶚的《老殘遊記》裡。書中第四回回目其中一句「太尊治盜嫉惡如仇」，這「太尊」在小說裡叫「玉大人」，指的就是毓賢。而第六回回目中說「萬家流血頂染猩紅」，則是概括毓賢「清官殺人」的手法，寧可錯殺一百，絕對不錯放一個，以此得來名聲，還獲得升官。

毓賢擔任過曹州知府，「治盜嫉惡如仇」，嗜殺、濫殺，盜匪不敢停留在曹州境內，紛紛外逃，轄地一時平靖，得到了善於治理的讚譽。教案發生時，毓賢是山東按察使，他跳過搞不清楚狀況的李秉衡進行調查、抓人、平亂，所以在德國人眼中，他是少數依照法律嚴格執法的官員。

擔任山東巡撫後，毓賢對於當時的局勢有他的認知，他知道真要能治理山東，必須有一定的軍事實力以對抗不斷入侵的德國人。這是太平天國對清朝政治強大的長期影響，地方上自組武力變成了通則。

回到歷史根源上，「義和團」最早是毓賢在山東培養的團練。義和團的前身是民間「義合拳」，那是一套強身健體的武術，「以義相合，保家為民」，練一套功夫來抵禦外侮並團結鄉里，是這個名字的原意和來由。

這樣一個和武術有關的團體逐漸擴大，名稱改為同音的「義和拳」，表示既要連結更多的人，也要「以義維和」，更進一步在各地串聯。不過「義和拳」一直是民間自發的組織，是在毓賢以官方力量介入主導之後，才改名為「義和團」。

義和團的「團」指的是「團練」，承襲過去湘軍、淮軍的前例，在時局紛亂下組織團練以保衛地方。義和團納入了山東地區的「大刀會」、「紅燈照」、「八卦教」等活躍的團體，不只有「義和拳」。八卦教中又有分支，最大的是乾教和離教。

「義和拳」主要修練內功，所以號稱「刀槍不入」，那是一種江湖武術的號召宣傳語。在義和團組成之後，變成團體中的信仰，也是他們對外的炫耀姿態。

03 民可用、團應撫、匪必剿，卻團匪難分

毓賢在山東定下了三條治理的大原則——「民可用」、「團應撫」、「匪必剿」。

經過「曹州教案」，再加上教會後面德國人的勢力步步進逼，山東人民情緒激昂。而傳教士來到中國，和中國原有的社會組織間有了強烈衝突。最嚴重的一項是「孝親」。中國的倫理根基重視祭拜祖先，但在基督教教義中，卻絕對不容許「崇拜上帝以外偶像」的行為。

單純從教義上看，這些傳教士無法理解中國並不存在著可以承擔全面社會功能的教會組織。在中國，養生送死及基本社會福利保障，都是由家庭與宗族在倫理架構中運作的。以上帝信仰否定「孝親」，會給社會帶來極大的騷動不安。

信了基督教的兒子就不用拜祖先，也可以不養老父，這是何等嚴重的事！然而當時的傳教士為了吸引信徒，就結合治外法權的特權，加上原本信仰中對於「悔罪」的重視，形成了一種特殊

的「赦罪」做法。

在鄉里中犯了習俗或倫常上的罪過，甚至干犯大清律法，只要躲到教堂裡成為教民並表示悔過，就能夠得到耶穌基督慈愛的赦免，同時取得教會延伸的治外法權保護，不必被追究懲罰。所以一直到現代，臺灣民俗中都還流傳著對基督徒餐前祈禱的諷刺說法：「感謝上帝賜我吃、賜我穿、賜我欠錢免還。」反映出基督徒彷彿不受一般社會律法約束的特殊身分。

如此當然吸引了許多社會中的邊緣人、游離分子乃至罪犯加入基督教會，使得「教民」身分更被另眼看待，更不受歡迎。這就是「民可用」的來由，人民累積了高度的不滿怨憤情緒。

既然民氣可用，那就應該將既有的地方組織招撫、連結起來，成為朝廷的後盾。延續當年湘軍、淮軍成立的目的，辦團練是為了要防堵並剿除「長毛賊」、「捻匪」，所以「團應撫」是「匪必剿」的手段。

但對付太平天國或捻亂時，「團」和「匪」有著明顯區別，正因為有要抵抗的「匪」，所以成立團練。可是這時候在山東的情況很不一樣，有朝廷和德國的雙重因素存在，造成到底哪些人是「團」、哪些人是「匪」，並沒有清楚的劃分。支持朝廷的應該是「團」，但如果去攻擊德國人或教堂教友，很可能就變成「匪」；原本在鄉人眼中是「匪」，如果被朝廷動員去對付德國人，很可能又變成了「團」。

本來應該是手段與目的關係的「團應撫」和「匪必剿」，結果混雜交錯，製造了種種亂象。

04 毓賢縱容，袁世凱打壓，拳匪入直隸

義和團在山東快速壯大，一方面的確是「民可用」，另一方面則是朝廷鼓勵造成的。許多在社會上沒有正業、耍流氓或吃不飽的人，這時都在「團應撫」的政策下加入了「團」，得到生活與法律豁免的雙重保障。「團」愈大，就愈有條件去騷擾、攻擊外國人與教會，表面上讓外國人感到害怕、退讓，顯現出得到了抑制列強侵擾山東的成效。

但沒有多久，列強就受不了並開始反擊。美國率先發難，在一八九九年年底向總理各國事務衙門提出強烈抗議，帶著軍事威脅要求清廷立即處理山東的狀況。清廷承擔不起新的軍事衝突，於是將毓賢從山東調到山西，再派袁世凱去山東收拾局面。

袁世凱不像毓賢追求「清官」、「能吏」的聲譽，他在朝廷及社會都已經擁有穩固的地位，同時他在北洋軍系統中待了超過十年，經歷過朝鮮動盪，了解西方列強的實力，也明白盡量不要招惹洋人。因而到了山東之後，他就一反毓賢的做法，大力打壓義和團。本來是要被組織、要被鼓勵的「團」，這時一轉變成了要被攻滅、要被解散的「匪」。

袁世凱的新政策使得義和團在山東待不下去，於是便集體往西進入直隸。袁世凱當然料到「拳匪」受到鎮壓後不可能向東跳進渤海，必定轉往直隸，所以先行知會當時的直隸總督裕祿，

要裕祿配合防堵，禁止「拳匪」流徙直隸，將他們再趕回山東，就算有少數混了進去，也很容易可以抓起來。

這項策略是合理的，卻牽涉到兩項袁世凱無法控制的變數，第一是裕祿的背景與政治經驗，第二是朝中與宮中的變化，而這兩項變數又是彼此緊密連動的。

裕祿和袁世凱很不一樣，一來他是滿人，二來沒有自己的地方基礎與地方實力。於是裕祿比袁世凱更關心、更注意紫禁城內的種種風頭消息，憑著看風頭、聽消息來做官。

此時紫禁城內的主要風頭，是慈禧太后發動「戊戌政變」後，處心積慮要解決光緒皇帝的問題。先是想趁天津閱兵時換皇帝沒有執行，後來將皇帝監禁在瀛臺要以重病理由換皇帝也失敗了，而讓握有皇權的慈禧太后一再挫折，最主要就是外國勢力的介入。到一九〇〇年年初，慈禧太后主導立「大阿哥」，外國使節竟然又聯合起來通通不入賀，表示了不支持的強硬態度。這讓慈禧太后對外國人更加感到憤恨。

05 載字輩宗親崛起，權力內化與洗牌

在想方設法撤換皇帝的過程中，慈禧太后必須找到適合光緒皇帝的替代者，於是影響、改變了她和皇室宗親間的關係。

過去和慈禧太后關係最密切的是咸豐皇帝的兩個弟弟——恭親王奕訢和醇親王奕譞。奕訢是支持慈禧太后取得皇權的關鍵人物，也是過去在朝政上給予慈禧太后最多協助的人，然而到這時候，新的宗室勢力在慈禧太后身邊形成。

被選為「大阿哥」的是溥儁，他的祖父是咸豐皇帝另一個弟弟、排行第五的惇親王奕誴，父親是載漪。不過載漪另有一個爵位是端郡王，在慈禧太后六十歲壽誕時，特別降旨讓早已過繼、承祧給瑞郡王奕誌的載漪封為端郡王（「端」是聖旨上「瑞」字誤寫）。原本奕誴的惇親王頭銜則由長子載濂繼承。

一時之間，「載」字輩宗親崛起，最受慈禧太后看重的除了載濂、載漪之外，還有他們的親兄弟載瀾，以及莊親王載勛。他們受到重用，表示宗親的權位關係此刻又進行了一次大洗牌。因為皇權與皇位分離，連帶使得朝廷體系跟著洗牌變化。

錢穆先生在《中國歷代政治得失》書中曾有對於中國政治史的一項觀察，那就是以皇帝為中

心分為「宮中」、「朝中」內外兩大系統，而一向都是「宮中」的勢力不斷侵奪「朝中」的決策權，使得政治不斷地「內化」。

原本宰相的權力被更靠近皇帝的「尚書」所取代，然後「尚書」的權力又被更靠近皇帝的「中書」所取代。到了明朝，宰相被正式廢除，皇帝轉而信任「大學士」；清朝則是原本因應軍事需要而成立的「軍機處」取代了處理日常事務的內閣，成為主要的權力中心。

這過程的基本模式是，朝廷正式運作的機構和皇帝之間需要有一個中介連結，但因為權力根源在皇帝，於是這個中介單位因為更靠近皇帝，於是將外面的正式機構給推遠，自己成為權力中心。從政治成效上看，錢穆認為每一次的權力內化，都破壞了原本外朝的運作，帶來種種往下沉淪的弊病。

雍正皇帝將大權集中在軍機處，弱化了原本的六部，而到了晚清，連軍機處也無法取得行使皇權的慈禧太后信任。她破壞了從明朝一路沿襲至清朝的祖宗家法，把主要的行政權力交給了宗親。我們看這四位受重用的載字輩宗親，其中三人負責管轄京畿衛戍部隊，包括步兵營、虎神營和神機營，也就能夠明白慈禧太后對宗親的倚賴，一部分出於安全考慮。在「戊戌政變」之後，她愈來愈沒有安全感，必須確保軍隊可以保護紫禁城、保護頤和園，也只能信任有血緣的皇戚宗親來掌管這部分的軍隊。

06 扶清滅洋、神術可用，北京陷入武裝

載漪的兒子溥儁入繼同治皇帝當大阿哥，外國使節卻不入賀，載漪心裡當然不舒服，慈禧太后更是感到憤怒。在依賴宗親、被宗親包圍的情況中，朝廷裡主張強硬對待洋人的鷹派逐漸抬頭。突然之間，朝中的熱門話題變成是如何「扶清滅洋」。「滅洋」二字成為政治圈中的流行語，也就影響了裕祿的態度。

裕祿原本和袁世凱說好聯手瓦解義和團，但此時看風頭轉向，他便倒過來支持義和團，還刻意抬高義和團「滅洋」這部分的重要性。於是袁世凱在山東打壓拳民，就將義和團都趕到直隸來。他們先到天津，接著是保定、涿州，在形勢上包圍了北京。

於是慈禧太后也心動了，也覺得「民可用」。她派了協辦大學士剛毅去察看義和團，得到的報告有八個字的結論——「拳民忠貞，神術可用」。剛毅現場看到那些刀槍不入的表演，被說服了，相信他們真的有「神術」。

傳統表演的「刀槍不入」，用的是武術中的槍，然而一旦說「刀槍不入」，聽起來好像就連洋人用的槍也可以抵擋。到了這一年的六月，重大的決策逆轉從最高權力者那裡傳下來——北京開九門迎拳民，於是幾天之間，一下子湧入了大約十萬名義和團成員。

慈禧太后和身邊的大臣都知道，拳民沒有足夠的組織規範，所以她要榮祿從北洋軍中調派一支部隊同時進城，一方面協助拳民對抗外國人，另一方面也有監管、恫嚇拳民的作用。不過這時候的榮祿已經不是「戊戌政變」時的榮祿了，他和慈禧太后的關係被這些親王貝勒給隔離，讓他產生不同的考量。

他優先考慮的，是不要擔這麼大的責任，不想動用自己的武衛中軍，而是調了甘軍，即甘肅的部隊進來，告訴太后這是最忠貞的部隊。大批甘軍進入北京城，加上不斷湧入的拳民，帝都在短時間內普遍武裝化了。街上走著許多帶武器的各色人馬，就像埋下了隨時可能爆炸的炸彈。

六月十一日甘軍進城，就發生了殺害日本書記官的事，引發了列強外交人員的警戒。他們開始調派軍隊守衛東交民巷，也就是使館區。但防範甘軍已經不容易，要防守嚴重缺乏紀律的義和團拳民更難。

而且此時連朝廷都陷入了近乎瘋狂的狀態。大學士徐桐都八十歲了，激動地上奏慈禧太后，希望太后降旨，諭令所有的人有責任也有權利殺洋人。後來在載漪主導下，還真的下了一道在北京城內懸賞殺洋人的詔令：殺害一名男性洋人得領賞五十兩，女性洋人四十兩，甚至殺洋人小孩也可以領三十兩。

一直在紫禁城和頤和園生活的慈禧太后純粹相信民氣可用、神術可用，要好好用一下來對付洋人出一口氣。

07 殺人放火現場，慈禧向十一國同時宣戰

到了六月十六日（農曆五月二十日），發生了拳民闖進「大柵欄」——北京最重要的商業市集區——去打毀西藥房，結果在過程中將整個市集都燒掉了。大火一發不可收拾，延燒到前門大街，北京最繁華的地區付諸一炬，連續燒掉了一千多家店舖，火光在紫禁城內都看得見。

這天緊急召開了御前會議，還架著光緒皇帝參加，在會議中獲致結論，慈禧太后下令要大家節制拳民，讓拳民解散，不要再搞下去了。前門大街起火，連正陽門樓都被波及，這可不是開玩笑的。

但是到了第二天，即六月十七日，再度召集重臣開會，卻在政策上大轉彎，取消了前一天的解散令，轉而要拳民進攻東交民巷。為什麼會有如此突兀且戲劇性的變化？

關鍵在於十六日晚上，榮祿接獲密報，緊急求見慈禧太后，告訴太后各國外交官已經會商並得到共識，準備向清廷提出四點要求。第一是由列強指定光緒皇帝的住所，不再讓慈禧太后實質軟禁光緒皇帝。第二是由各國代收中國各省錢糧。第三是由各國代掌中國兵權。第四是勒令太后歸政。

比對各國史料，找不出確切證據證明真有這樣的外交聯合共識，但慈禧太后得到榮祿的報

告，無從查證真偽，當然覺得又驚又氣。她相信外國人是針對她而來，憤怒中她決定拿自己的皇權一賭，第二天翻轉立場，在御前會議中做出史無前例的瘋狂決策——準備連下十二道詔書，對十一個國家同時宣戰。那多出來的一份詔書，是發給身分特殊、介於中國與列強之間的海關總稅務司英國人赫德（Robert Hart, 1835-1911）。

顯然慈禧太后陷入瘋狂了，而且滿朝上下沒有人、沒有力量可以阻止她。她的瘋狂舉動也包括派載漪主持「總理各國事務衙門」。這個機構幾十年來都是中國接觸、吸收西洋新事物和新知識的前哨，不單只是外交機構，現在卻讓朝中最保守，甚至最排斥、痛恨洋人的宗親去領導。

六月二十日，北京街面到處是拳民，德國公使克林德（Freiherr von Ketteler, 1853-1900）要去總理事務衙門要求離京時的保護，竟然就在路上被巡邏的神機營軍官槍殺了。接著東交民巷被圍住，甘軍聯合拳民，依照指令開始進攻外國使館。

此時使館內一共有四百五十一名警衛，控有四到六架機關槍，是他們的主要防衛武器。各國使館又再緊急通知調派他們在中國的部隊，其中有兩千多名由各國組成的援軍從鄰近地區要搭火車到北京援助，不過還沒到達前鐵路就被拆了，火車被包圍住。

這支由英國海軍司令西摩爾（Edward Hobart Seymour, 1840-1929）統領的「西摩軍」就在天津和拳民開火，一下子顯現出義和團絕對沒有刀槍不入的神術，稍一接戰，拳民就死傷潰逃，又換上甘軍去包圍阻擋「西摩軍」。而在援軍無法到達的情況下，東交民巷光是靠著四百五十一名警衛也得以挺住，甘軍和拳民遲遲攻不進去。

08 炮轟使館的荒唐戲碼和皇權淪陷

打不下東交民巷，甘軍決定動用大炮做巷內轟擊。但榮祿原本就將重要且精良的火炮武器扣在自己的武衛中軍裡，甘軍的大炮有聲響卻沒有落彈，打了半天仍然沒有效果。於是慈禧太后改派張懷芝的炮兵部隊去轟東交民巷。張懷芝的部隊的確有足夠的火力可以完全消滅困在裡面的各國大使館，然而當大炮架好要發射前，張懷芝猶豫了。

徹底轟平東交民巷，這項命令真的太瘋狂了，列強會如何反應，到時候這件事會是功還是過？有一定資歷的當官之人，能不考慮這些，能不替自己的前途打算？如果沒有把握不會被事後追究、成為罪人，那就必須要有上級命令，將來可以往上推卸，由上面負責。

所以張懷芝要求榮祿留下書面命令，表示自己是奉榮祿之命行事，但榮祿堅決不肯在命令上簽字，只對張懷芝說：「炮打了，裡面就聽得到。」張懷芝揣摩這句話的意思，懂了，就讓部隊調整炮口方向和高度，將炮彈都打到東交民巷後面的空地上。

所以聲勢浩大的一陣炮轟，卻仍然沒有將東交民巷打下來。這又是另一個荒謬絕倫的現象。朝廷下達瘋狂命令，底下的人知道不能執行命令，只好想辦法規避，以免被追究責任。結果光是不到五百人守衛的東交民巷，攻勢就僵持了五十天。

在這段過程中，任誰都看得出來義和團並沒有神功神術，不只如此，所有的人也都看清楚朝廷沒有那麼大本事，大概也沒有那麼大勇氣真的去把東交民巷夷平。情況陷入膠著，過一陣子，就只好等想出辦法讓自己有下臺階了。

提供下臺解決的是「八國聯軍」。「八國聯軍」聽起來好驚人，但事實上進入北京時只有「七國聯軍」，瓦德西（Alfred von Waldersee, 1832-1904）帶領的德國軍隊不在其中，因為他們是真正遠道從歐洲而來的，還趕不上。其他各國調派的是原本就在亞洲鄰近地區的殖民軍隊，法國軍隊從安南來，英國軍隊從印度來。聯軍的規模也不過一萬六千人，但他們配備了現代器械，光是這樣就足以壓過義和團，更壓過了載漪等率領的步兵營、虎神營、神機營，這些單位名字好聽，其實陣中大多是八旗子弟，根本打不了仗。

於是八月十四日聯軍入城，清軍一潰千里，逼迫慈禧太后一生中第二度從北京出亡。這次的情況比咸豐年間那次更慘，以太后之尊卻是打扮成漢人村姑逃走的，連著將光緒皇帝也一併變裝帶走。離開北京時，甚至連第一天晚上要睡哪裡都還不知道。

太后、皇帝出亡，但因為是外國人打進來，不會將朝廷推翻取而代之，所以朝廷還在。這一方面反映了中央已經不具備武裝實力，軍事力量分散到了地方，封疆大吏若不願發兵協助，中央根本就守不住京師；另一方面也反映了皇權更進一步淪陷，現在是皇帝和太后都不在了，朝廷卻還可以在沒有皇帝也沒有太后的情況下繼續運作，和洋人談判，收拾殘局。

09 為什麼清朝沒有亡於八國聯軍？

六月二十一日清廷下宣戰詔書時，東南三督——兩江總督劉坤一、兩廣總督李鴻章、湖廣總督張之洞——就擺明了不同意、不接受中央朝廷的政策，於是發動了「東南互保運動」。這三個人，再加上閩浙總督許應騤、安徽巡撫王之春等，直接和西方勢力交涉，請他們區隔對待處理，北京歸北京、地方歸地方，將東南地區劃在交戰範圍之外。這同時也預伏了將來處理「庚子事變」及進行談判的基礎。

經歷如此嚴重的事變，到太后、皇帝必須變裝逃亡，為什麼清朝沒有亡於一九〇〇年？一項弔詭的原因是慈禧太后太瘋狂了，做出不可思議的向十一國宣戰的狂舉，引來了「八國聯軍」，而正因為來了多達八個國家，他們難免各有打算，不可能在對中國的政策上有一致的想法，採取一致的立場。

因為所有的外交官都被困在東交民巷，各國必須協同進軍，但對於在中國取得利益，他們卻各懷鬼胎。例如美國始終沒有很高的動機要參與出兵，只因受困的美國公使不斷求援，不能見死不救。

來了八國，卻分成三個陣營，有三種主要不同的主張，反而使得嚴峻的情況在列強爭執角力中得到緩和。如果不是那麼多國一起出兵，如果各國之間有明確的主導者，那麼中國付出的代價一定會更高得多。

其中最冷酷、最凶惡的是俄羅斯，從一開始就擺明了沒有要和其他國家協同行動，另外布重兵經東北往南，抱持著占領中國領土的野心，也因此引發日本的高度敵意警戒。

而德國、義大利、法國、奧匈帝國、日本為一組，著眼於藉此確定在中國的獨占勢力範圍，擴張利權。他們的目的是要瓜分中國的鐵路、礦業等利益。德國看中山東，法國則重視從安南延伸過去的雲貴、廣西等處。日本想要得到臺灣對岸的福建當作勢力範圍。

第三組是英國和美國，他們有特殊的理由不參與搶奪勢力範圍，甚至反對瓜分勢力範圍。美國才剛剛在一八九八年和西班牙打了一仗，在軍事衝突中發現西班牙這個老牌帝國竟然如此不堪一擊，不只戰爭在幾個月內結束，美國還得到比原先預期更多的退讓與補償。除了割讓波多黎各、關島外，最重要的是從西班牙那裡得到了菲律賓，成為美國在亞洲的殖民地。過去美國向西拓荒到達太平洋，因而提高了對中國的興趣，現在突然多增加一塊亞洲領土，還需要找出統治運用的方法，暫時無力在中國經營、擴張。

美國還有一項考量，就是棉製品對中國的銷售。一八九八年到一八九九年，美國棉製品出口到中國呈倍數成長，卻在一九〇〇年受到「庚子事變」衝擊而大幅減緩。美國期待有一個相對較為穩定的局面，能讓美國棉業的海外市場恢復成長。

更具影響力的是英國。英國陷入南非的「波爾戰爭」（Boer War），和當地荷蘭後裔發生嚴重衝突，是足以動搖大英帝國布局的大事。另外，英國最早進入中國，原先將中國視為其帝國貿易的重要發展對象，控制了鴉片交易，又控制了中國的海關，反而是其他國家進來分霑、甚至搶奪他們在中國的利益。英國不想參與、更不想鼓勵列強爭奪勢力範圍，乃至瓜分中國。

10 定調拳匪叛亂和「門戶開放」原則

英國人於是挑激美國出面，在八國聯軍占領北京時，重申「門戶開放」原則，希望在這個原則下來解決事件。

「門戶開放」原則包括三項：第一、維持中國領土完整，不進行瓜分；第二、維持中國主權獨立，反對任何國家片面侵犯中國主權；第三、各國在中國的利益雨露均霑，讓中國擁有穩定的政府，才能有穩定的市場。等於是讓中國政府為各國服務，提供平均的獲利機會。

在英國積極運作下，確立了「門戶開放」原則。因而從一九〇〇年到一九一一年，表面上看清朝延續了下來，可是其性質和「庚子事變」前很不一樣了。這段時期的清朝政府是在列強的默認與扶持下才得以存在的。如果不是英國和美國的態度，這個政府應該在一九〇〇年就終結消失了。是因為各國之間擺不平，所以接受了這項主張——留著清廷繼續統治中國人民，同時服務列強，是最符合各國利益的。

一九〇一年還是要簽「辛丑和約」，正式解決衝突局面。中方代表是李鴻章和慶親王奕劻。當年簽「馬關條約」時，李鴻章被罵得體無完膚；這次簽「辛丑和約」，卻沒有人能罵他、敢罵他了。大家都知道這種狀況沒有別人能處理，也都知道這個條約能簽得成、能夠不亡國，已經是了不起的成就。

李鴻章出場談判時便已鎖定要拉攏美國，認定美國是最重要的盟友，經由美國的協助在檯面下折衝定調。談判分為幾方面，首先確認如何稱呼這次事件，在美國暗助下，這件事變成了boxer rebellion，即拳匪叛亂。這個說法對清廷高度友善，讓清廷從主導者退居為共同受害者。

事件經過被改寫為：中國出現了拳匪叛亂，政府無能壓制這些拳匪，傷害了列強人命與利權，惹出禍端，列強因而出兵協助平亂，並保護自身僑民和在中國的既有利益。

再來，確定所簽訂的文件性質。過去清廷和外國簽的都是條約（treaties或traités），但一九〇一年這次簽的卻是règlement，英文是settlement，也就是處置辦法。所以中文不稱「條約」而稱「和約」，即恢復和平的約定。

這是列強為中國平定拳匪叛亂後，和中國政府所簽訂的正式解決方案，不是戰爭之後的條約，所以不牽涉誰是戰勝國、誰是戰敗國。協議中首先要懲處禍首，載漪、載勛這一批人就倒楣了，殺頭的殺頭、充軍的充軍，而他們的罪名是縱容拳匪，等於是參與叛亂。同時將慈禧太后向十一國宣戰的詔書也當作他們矯造的，如此才能讓中國不是宣戰而戰敗的國家，才可以不付出割地或更嚴重的代價。

八國聯合出兵也重新被定性為符合「門戶開放」原則來協助中國恢復秩序，於是中國當然必須支付軍費，並對各國僑民在亂事中的損失予以賠償。因此定下了數額龐大、以海關收入作抵押、分期支付的款項四億五千萬兩，讓參與的每個國家都能發一筆小財。

11 舊政權弔詭陷阱與集體的想像秩序運動

藉由這種方式，清朝近乎奇蹟地存留下來，就連從西安回到北京的慈禧太后都知道，自己和朝廷都是從毀滅邊緣勉強救回來的。這個朝廷已經元氣大傷、氣若游絲，而且是漂浮在各國的共同利益之上的。

當時為了義和團要殺洋人，有一批主和派被殺或被貶斥了；庚子事變之後，為了要和談，又殺了、流放了或貶斥了一批主戰派。一來一往，還能留在朝廷裡的，就剩下既未主和也未主戰，沒有意見或是觀望沒有表態的人。朝廷當然就更弱了。

朝廷失去了軍事上的獨占權，又失去了外交上的獨占權，封疆大吏現在擁有他們自己的外國關係，也自行處理和當地主要外國勢力的交涉來往。

這個朝廷基本上信用破產了，卻還可以存在著，因為內外的共識是它不能垮，不知道如果清廷垮了局面要如何收拾。就讓這個朝廷浮在那裡，掙扎著不要沉入萬劫不復中。這段時間中革命派不斷挑戰朝廷，但還無法推翻它，並不是這個朝廷還有多大的實力，而是他們提不出一個能夠說服眾人關於「以後怎麼辦」的堅實答案。在這種情況下，人們還是寧可抓住清廷，維繫最基本的集體秩序。

庚子年到辛丑年，清廷淪落到最低點，但還是支撐下來了。實在是這場空前巨變中，還沒有人想得出替代清朝的有效方案，因而為清朝爭取到了幾年時間。

從西安回來重新見到朝臣時，一貫強悍的慈禧太后百感交集，竟然當場落下淚來。她明確地打消了撤換光緒皇帝的念頭，也不再想挑戰洋人了。留在她身邊的人沒有什麼了不起的創意想法，卻可以記得、可以提醒她回到戊戌年發生了什麼事。於是在保留太后一層薄薄面子的前提下，清廷實際上以緩慢的步子重走一次「戊戌變法」的路程。

辦新式學校、辦京師大學堂、改革科舉、廢除科舉、送學生出洋、送大臣出洋，到改革朝廷組織，再到準備立憲。這個政府在最低點、最黑暗的狀況中沒有垮掉，爭取到一點時間，一點一點地往上爬。

然而爬到一個程度，清廷就陷入法國歷史學家托克維爾（Alexis de Tocqueville, 1805-1859）

在《舊制度與大革命》（*L'Ancien Régime et la Révolution*）書中提出的「舊政權」弔詭陷阱。因為政府給了人民一點點希望，刺激、提高了人民的預期。在最糟糕的時候，糟到人民不能對政府、朝廷抱持任何希望時，任何的改革都能得到支持和肯定。然而改革持續進行，方向一旦明確，人民的想像就走在朝廷的現實前面，因而感覺到改革進行得如此緩慢，改革帶來的結果如此不彰。

這時候爆發出一場集體的想像秩序運動，人們積極地看向未來，看到了立憲之後會如何，廢除科舉之後會如何，和列強平等互動之後又會如何。到了一九一一年時，這些想像的新秩序已經在很多人心中、腦中發酵了。他們討論、描繪了沒有滿清政府的情況，這件事不再像一九〇〇年時是無法想像、無法描述的，於是就刺激出在現實上起而推翻滿清的動力。

歷史上重大變化的發生時機，往往不是取決於有沒有能力、有沒有辦法推動變化，毋寧是要看有沒有動機、有沒有勇氣去推動變化。

第七講

孫中山與中國社會的騷亂

01 缺乏中立語言，從歷史認識國父的困難

孫中山身上有著政治標籤，在臺灣被稱為中華民國的「國父」，在中國大陸則是「革命先行者」，都受到特別的尊重，但也因此增加了從歷史上去認識、刻劃孫中山的困難。

還不只如此，我們也缺乏相對中立的語言，來描述孫中山在晚清到民國初年到底做了什麼事、扮演什麼樣的角色；我們甚至缺乏適當的經驗與觀念架構，來安放孫中山的處境與作為。

缺乏中立的語言，主要源自過去有太多帶有價值偏見的描述附隨在孫中山的事跡上，被許多人當作就是歷史的事實，牢不可破、不容挑戰。例如法國學者白吉爾（Marie-Claire Bergère, 1933-）寫孫中山的傳記，舉證歷歷孫中山在武昌起義前後的行蹤，主張這場關鍵活動根本和孫中山沒有什麼直接關係，遑論是由他領導的。書譯成中文在臺灣出版，[6]這段描述就引起軒然大波，網路上許多人激烈攻擊，因為太熟悉過去「國父十一次革命」的說法，無論如何不能接受革命成功之役不是孫中山領導的。

過去所說的國民革命史，強調興中會到同盟會的直接繼承關係，強調興中會、同盟會乃至後來的國民黨都是由孫中山領導的。這種官方歷史說法塑造了孫中山偉大領導人的形象，卻太過簡化了晚清的革命陣營與革命活動的複雜現實。

湖北的武昌起義有「中部同盟會」涉入其中，這是事實，然而「中部同盟會」是在一九一一年違背孫中山的意願成立的。之所以會有中部同盟會，是因為見到當年四月「黃花崗之役」在廣州失敗，湖北的革命人士想要另起爐灶，和原本以廣東人為主的同盟會區別開來，要沖淡組織中廣東人的勢力。

再者，武昌起義之所以一舉成功，因為起義者主體是有武器、有組織的「新軍」，而不是像半年前的廣州起義那樣，依靠沒有軍事配備、必須辛苦偷渡武器又臨時編組的青年隊。在「新軍」中傳播革命思想與行動主張的有不同團體，並不是每一個都屬於中部同盟會，中部同盟會本身也是由多個團體鬆散連結起來的。

又例如，關於「中華民國」這個名稱的來源。依照孫中山在一九一六年的一場演講中提到，本來革命同志都認定新建立的國家應該叫做「共和國」，「建立共和」也是大家喊慣了的革命口號，是他堅持要叫「民國」而不是「共和國」。孫中山認定所謂的「共和國」在政體上是行使民主代議制度，而「民國」則是人民可以直接選舉，所以「共和國」對他來說只是「民國」的過渡，應該標舉理想而不能讓名字停留在現實上。

不過在辛亥革命的相關史料上，會看到黎元洪宣布湖北獨立時就用了「中華民國」的稱呼而

6 可參考〔法〕白吉爾著，溫洽溢譯，《孫逸仙》（*Sun Yat-sen*）（臺北：時報出版，二〇一〇年）。

不是「中華共和國」，也就是這名稱並非孫中山回國之後才改的，孫中山說得不見得可信。然而又有人利用其他資料主張：早期的革命史料都是經過事後改訂的，就將「共和國」一併改成「民國」了。

因而不只是事實本身極度複雜，受到政治高度影響的史料記錄，也參雜了許多很難釐清的錯綜成分。

02 僑居地情結，由馬來西亞說起

理解孫中山及其相關歷史現象，對大部分讀者來說都缺乏一項重要的背景經驗，那就是「華僑」以及僑居地和中國之間的特殊關係。這樣的經驗即使到今天都仍然如此特別、如此深刻。

容我舉自己到馬來西亞對馬來西亞華人的一點觀察作為例證。馬來西亞有六百萬華人，大約和香港人口差不多，是臺灣的四分之一左右。他們絕大部分都是在馬來西亞出生、長大，甚至父母、祖父母都在馬來西亞長大，但他們的主要認同仍然不是馬來西亞，而是「華人」。

有一段時間，我曾經是馬來西亞《星洲日報》的「重要作者」。並不是我要給自己臉上貼金，而是因為我不只在《星洲日報》上有專欄，專欄還每週見報兩次，每年刊登一百零四篇文章。然而講起、回想起這件事，我心中的強烈感覺不是得意、不是成就，而是愧疚。因為我心知肚明一直記得的事實是：每年那一百零四篇文章沒有一篇是特別為《星洲日報》、為馬來西亞的讀者寫的。

那些都是我在臺灣的時論或文化觀察隨筆，筆下描述、討論的大部分是臺灣的新聞，頂多旁及兩岸關係或中國大陸的重大事件變化。為什麼《星洲日報》要大量轉載這樣的文章給他們在馬來西亞的讀者看呢？

因為一直到今天，馬來西亞的華人仍然抱持著一種深刻的「僑鄉」情懷。大陸和臺灣對他們來說，仍然有著「原鄉」的地位，讓他們想要關心，很多時候關心的程度甚至超過了大馬政局或社會問題。

他們人在馬來西亞，心卻只有一半在那裡，另外一半透過語言、文字、教育、媒體、出版，和「祖國」聯繫著。他們以自己了解「祖國」的情況自豪，但是倒過來，當我和他們討論「馬華公會」與大馬聯合政府的問題時，他們表現出高度驚訝，意外我會知道、會對當地的現實情況有興趣。

我在檳城搭華人朋友的車，在路上陪我坐在後面的人提醒開車的朋友，因為塞車最好在前面路口左轉，到下一個路口再右轉，換一條路線走。他說完後，我告訴他：「你剛剛一句話裡用了四種語言！」先用國語說「你換到左邊（車道）」，再來用閩南語說「走到前面」，然後用馬來語說出路名，接著是英語「turn left」，又切換回閩南語「後一條」，再換成英語「turn right」。

語氣如此自然，不只快速地換來換去，而且說話時那位朋友完全沒有自覺，沒有意識到自己在這麼多種語言中切換。另外一位做出版的華人朋友對這件事很敏感，他解釋：大部分馬來西亞華人說的國語，他們稱為「華語」，並不是他們的第一語言。他們出生之後在家裡學的是福建話、客家話或台山話，所以他們的「華語」通常會帶著口音。

他們一直感覺到自己說的「華語」是不「標準」的。聽他們的廣播節目，播報員、主持人說的話就和在臺灣聽到的國語幾乎沒有兩樣。他們必須有意識地努力去訓練、去調整自己的口音，才能這樣說華語，也才能進得了電臺。

因為曾經是英國殖民地，到今天仍是大英國協的一分子，所以當然要學英語。身處在一個多種族國家中，馬來語是政府官方語言，所以當然也非學、非用不可。從我的角度看，這真是個多元自由的語言環境，每位華人都因此而必然具備多語能力，是令人羨慕的能力。不過從另一個角度，即做出版的華人朋友的角度看，這是馬來西亞華人，或說「僑鄉」的困擾，他們被迫出入多種語言，但最終沒有任何一個真正屬於自己的語言，每種語言都沒辦法達到精練使用的程度。

他感嘆地打開車上的收音機，讓我聽電臺的 call in 節目。那基本上是個華語節目，但打進來的電話通常東說西說，花了三分鐘、五分鐘，卻說不清楚一件事或一個論點。這只是語言上他們遇到的特殊困難，延伸出去還有更多來自無法確切定著所產生的問題。

馬來西亞華人的處境、他們的心情，比較接近當年孫中山搞革命時，圍繞著他、支持他的那些人的處境與心情。

正因為他們不在中國，所以他們更關心中國，期待能找到一種方式和中國有更強烈的聯繫。同時他們和僑居地的關係極其冷淡，他們成為沒有國家、只有祖國的人。因而他們對祖國更加依賴，但他們的祖國不是來自現實體驗，而是充滿了各種懷鄉想像。對於祖國的想像，比祖國的現實更重要。

03 在海外僑鄉變成了祖國夢想的化身

如果不能理解這點，就無法理解孫中山的魅力。孫中山塑造基礎、發展實力的資源，就是在海外僑鄉變成了祖國夢想的化身。如何更有效地扮演好這個角色，決定了孫中山的策略與路線。

孫中山和康有為、梁啟超都是廣東人，但他是很不一樣的廣東人。他來自靠海邊的香山縣，一八六六年出生，在五歲的時候，他的大哥孫眉就離家遷居到了檀香山。

孫眉的兩個叔叔，即孫中山父親的弟弟在此之前就漂洋過海去美國當華工，這是孫眉年少離家的一個背景。這兩個叔叔都死在美國，一個死於建築鐵路的意外，另一個則是被打死的。可是這樣的前例都沒有阻退孫眉離家往東遠走的念頭。

這就清楚顯示了，當時在香山，人們不再將留在家裡看成理所當然，他們覺得外面有一個更好的世界，年輕人應該去探尋、去追求。所以到一八七九年，才十三歲的孫中山就被送到檀香山去找他哥哥。

離開中國之前，孫中山有基本的中文能力，但他所受的教育絕對不可能和梁啟超那種針對科考的密集吸收相提並論。孫中山的知識背景是夏威夷華僑的中西混雜教育。他在夏威夷待了四年，受到教會影響，到一八八三年他想受洗成為基督教徒，卻惹惱了大哥孫眉，於是將他送回家鄉香山。

即使這麼多人去了美國，也長期待了下來，但他們仍然敵視基督教，將信奉基督教看作離經叛道、不可原諒。然而孫中山回到香山時，他和那個環境已經徹底格格不入，那個環境無法提供他任何想追求的人生，他只住了一小段時間就又離開了。

待在香山的時間，他認識了陸皓東。會認識陸皓東是因為孫中山畢竟還是去了香山的基督教會，陸皓東也是新教徒。以前「國父」孫中山的偉人傳記中曾講述一個故事，說孫中山從小就知道要破除迷信，看鄉人信佛拜拜，就夥同陸皓東一起去廟裡砸神像，證明神像沒有任何神力。

這樣的說法，回到歷史上，其實反映的是孫中山受到基督教會的強烈影響，接受教會將廟裡神像視為偶像崇拜的立場。

孫中山沒有因為回到家鄉就變回鄉人，又對時政多有批評看法，家人擔心他會惹禍上身，就將他送到鄰近的香港念書。他後來去了廣州，又回到香港，念的是西醫學院，畢業後就在澳門、廣州開業行醫，不過真正從事看病醫人工作只有大約一年的時間。後來他刊登的行醫廣告，都是用來掩護革命組織與革命行動的。

04 南方的英國經驗，上萬言書的道路轉折

一八九二年，孫中山從香港西醫書院畢業，書院的教務長就是後來在孫中山「倫敦蒙難」時搭救他的康德黎（James Cantlie, 1851-1926）。這段時間中，孫中山維持並深入他和新教教會之間的關係，更重要的，從他們那裡學會了組織、募款等手法。他當時結交的朋友，如鄭士良、陳少白等人，都是新教教會的華人教友。

這些南方華人教友，尤其是和香港有關係的教友，和北方如山東教案中的那些教友很不一樣。在北方，通常是社會底層的人有動機參加教會、成為教友，在教會庇護下得以避免鄉里或官府的排斥、懲罰。而在南方廣東，入教的最大動機是可以藉此到香港或澳門發展。

在香港，進而產生了「高級華人」這種特殊身分，其血統上是華人，生活上可能也仍然保持許多華人習慣，但能夠交洋人朋友，和洋人的生活圈有交集。要當「高級華人」，要創造和洋人

互動的機會，那非得入教、非得上教堂不可。

孫中山在香港也曾參與這種華人教會，認識了一位「高級華人」何啟，在鼓吹革命的初期，得到何啟的大力贊助。「高級華人」人數很少，但在當時的中國情境中占了重要的位置。

孫中山崛起的背景，一邊是中國傳統社會，另一邊是遠渡重洋到夏威夷討生活的下層華人。這兩邊都對中國的未來缺乏想像力，他們體會到中國出了問題，知道現狀不可能順利維持下去，但該如何解決問題，如何創造一個新的局面，他們沒有知識與思想的資源能夠探索、想像。

必須要有「西學」、「新知」的基礎，才有可能去探索、去想像。而這些香港的「高級華人」有固定的管道，也有高度的動機，去蒐集、掌握西方的現實情報。在這方面，就連透過中文書籍和報紙努力想要接近世界的康有為、梁啟超這些讀書人，都比不上他們。

香港的華人開始累積「英國經驗」。英國的統治正在香港創造一種新的「另類秩序」，那是他們的生活現實。他們可以直接訴諸「英國經驗」及英國在香港建立的這套模式，用以想像未來的中國。孫中山的思想有很大一部分是從這裡產生的。

一八九四年年初，甲午戰爭爆發之前，孫中山寫了一份萬言書，要到北京去交給李鴻章。這是他涉入政治的重要一步。

孫中山是透過當時在上海的一位名人、也是廣東香山縣的同鄉鄭觀應，託他安排交遞萬言書，因為他是李鴻章的幕客。鄭觀應在同一年出版了《盛世危言》，這本書蒐集了很多資料，要讓讀者感受、明瞭中國已經陷入多麼危險的境地。不過在甲午戰事開打之前，要表現這樣的想法，還是必須在書名冠上「盛世」兩個字，表示一切看起來仍然很好，只是底下有些潛藏的危機應該被提出來、應該被注意。

這充分顯現出當時清廷的顢頇風氣，都還要講究官場上的敷衍，沒多久就發生慘敗給日本的戰爭禍事，此時依然習慣於粉飾太平。

鄭觀應在澳門寫書時，孫中山就前往拜訪過，也受到鄭觀應思想觀念上的啟發。這時孫中山去上海找鄭觀應，不過默默無聞也沒有任何功名身分的孫中山，就算有鄭觀應的介紹加持，怎麼可能打動當時的「李中堂」？萬言書沒有得到任何注意，求見李鴻章也被拒絕了。

這篇萬言書後來刊登在上海《萬國公報》上，那是基督教會的一份刊物。走傳統官場的路走不通，還是回到自己真正熟悉的教會管道才得到一點效果。這個經驗讓原本就和中國官場道路疏離的孫中山，更加傾向於尋找別的方式來面對他所感受到的危機。

05 為起義後援的興中會與「革命家」身分

從和檀香山僑社的淵源，孫中山進一步接觸到在中國的「三合會」。自太平天國起事以來，三合會一直積極活躍，想要趁清廷內外交迫、不斷削弱的情勢推翻清朝，將滿人外族趕出去。

於是在一八九四年年底，孫中山在檀香山成立了「興中會」。會出現興中會，是因為他得知三合會有一項攻占廣州城的起義計畫。他很會說話，而且愛說大話，接觸三合會時，跟人家誇口說起義行動必須要有他參與才能成功。因為三合會有人，卻缺錢、缺槍，孫中山自願去為他們進行海外贊助募款。

所以興中會剛開始是因應此次行動而組成的後援會。孫中山有他的組織長才，集攏了一百五十三名興中會會員，而其中有高達一百一十二人住在檀香山，這明顯是為了在檀香山募款而成立的，用以支援第一次「廣州起義」。

興中會是個奇特的組織，援用了三合會這種祕密會黨的做法，參加的人必須宣誓，而宣誓誓文的內容並沒有留下來。後來整理革命史時，有一種說法是祕密誓詞中有「驅除韃虜，恢復中華，創立合眾政府」。但另外有更確切的史料顯示，甲午戰爭期間，日本人登陸遼東，為了離間漢人與滿人，在傳單上寫著「驅除韃虜，恢復中華」的口號。

這真是一件奇怪的事。日本人和遠在檀香山的興中會剛好選用了同樣的八個字當宣傳口號？還是日本人從檀香山抄了這句口號？當然還有第三種可能，那是現在從史料上看最接近事實的——其實是日本人先想出、先用了這兩句口號，後來在東京成立「同盟會」的時候，將這句日本官方和革命派共同的目標，回頭掛在興中會的成立史上。

一八九五年的「廣州起義」後來被列入「國父」所領導的第一次革命行動，但實際上是三合會籌劃的。興中會在海外所募到的錢和偷運的槍械約好了時間要送達，負責居間聯繫的鄭世良卻發現三合會這邊並未準備好，連忙要求槍械延遲送來。但聯繫出了問題，於是一邊將槍械送過來了，另一邊卻還沒準備好要行動，因而被清廷破獲，犧牲了陸皓東。

依照日後整理的民國革命史，興中會到後來合併為同盟會，接著又發動了好幾次革命起義，建立了孫中山領導的革命正統。不過比較接近事實的是，興中會本來就是為了起義募款、運槍械而組成的。從第一次「廣州起義」一直到「辛亥革命」成功，長達十六年中，孫中山主要的時間都流亡在外。如果要說他「領導」這段時期的革命活動，那大部分是遙控指揮，並沒有親身在中國參與任何實際戰鬥。

孫中山的領導地位很大一部分是建立在他的日本關係上。起義失敗輾轉到日本之前，孫中山認定「革命」就是改朝換代，就是反清復明。然而到了日本，別人稱呼他為「革命家」，他才進一步了解日本人用「革命」二字的意涵，主要是當作 revolution 的翻譯詞，而「革命家」是投身推動巨大變化的人。他認同這個觀念，從此開始自稱為「革命者」或「革命家」。

在此之前，中國已經有「逐漸改變」和「激烈行動」的路線差異，而將因為各種理由想要推翻滿清的各方主張與勢力整合為「革命派」，是孫中山在日本所形成的，給予他堅實的「革命」領袖地位。

06 倫敦蒙難，海外領導地位的另一關鍵

一八九六年九月，孫中山從美國轉往英國倫敦，發生了他被中國大使館綁架的事件。在廣州起義之後，清廷便通緝、追捕孫中山，不過他們還沒有那麼大的能耐在倫敦的旅館或街上強行逮人。這整件事最奇特的是，孫中山是自願走進在倫敦的中國大使館，然後就被扣押無法出來。

他為什麼要去中國大使館？有一說是他不知道那是中國大使館，另一說是他要進去辦什麼手續。這兩種說法都不是很有說服力。在他和老師康德黎的通信中，康德黎明明曾經警告過，自己的住處離中國大使館很近，要他小心躲開大使館。他也不可能不知道自己被清廷通緝，哪有通緝犯需要到官衙裡去辦什麼手續的？

還有一種說法是孫中山刻意去到大使館被扣押的。這也不太合理。他不可能預期自己被押之後還能放出來，如果被引渡送回中國，那可是要殺頭送命的！

這件事的動機與實際狀況至今不明。比較清楚的是之後發生的事。被羈押時，他認識了大使館裡一位叫柯爾（George Cole）的英國雜役，他可以用英語直接和柯爾溝通。憑藉著他在檀香山、在香港的多年經驗，孫中山的英文能力甚至可能比中國大使館的職員更好些，而且他又有基督教信仰上的語言，可以用來爭取柯爾的同情。

他告訴柯爾，自己是一個被迫害的基督徒，因為當時亞美尼亞基督徒遭屠殺的新聞在倫敦引起許多憤慨與討論，柯爾很容易接受孫中山的說法。於是柯爾偷偷地傳訊息給康德黎，康德黎得訊後，隨即展開營救行動。

康德黎先寫了一封投書給英國第一大報《泰晤士報》（*The Times*）指控中國大使館，但《泰晤士報》認為茲事體大沒有立即刊登。消息被競爭的《地球報》（*The Globe*）得知了，立即派記者去採訪康德黎，披露了中國大使館在英國領土進行綁架的新聞，一時引起輿論激憤。英國政府不得不介入，強令中國大使館放人，於是孫中山即刻成為焦點人物。後來出現在英國媒體面前的，是一個穿著合宜西式服裝，說一口流利英語，完全和當時歐洲對落後中國想像不一樣的人。

原本講到中國人，想像中都是留著辮子、神情猥瑣，既神祕又難以溝通。不料這位被綁架的革命分子竟然能用英語侃侃而談，使得他所說的內容感覺上句句可信。更進一步，在英國人協助下，孫中山完成了書面文件 "*Kidnapped in London*"，講述得更加完整。後來由甘作霖翻譯成中文的《倫敦蒙難記》。

這是孫中山在海外得到領導地位的另一項關鍵。這位只參與過流產革命行動的革命者，在海外變成了中國革命的代表。

07 選擇日本作為革命行動的主要盟友

居留倫敦期間，孫中山遇到一位日本植物學家南方熊楠。兩人都在大英博物館的圖書室裡讀書，流亡英國的外國人都覺得應該善加利用這裡的絕佳知識資源。南方熊楠是一位「大亞細亞主義者」，主張亞洲各國、亞洲人應該團結起來將西方勢力趕出去。這是孫中山原本沒有想過的一種未來可能性，受到南方熊楠影響，他對於革命路線有了新的認識、新的選擇。

他選擇日本作為革命行動最主要的盟友。於是一八九七年七月離開英國後，孫中山去了日本，甚至在日本改了姓名為「中山樵」，掩飾他被清廷通緝的身分。也就是源自他在日本使用的這個名字，後來在民國史上得到了孫中山這個固定稱呼，蓋過了原來的孫文或孫逸仙。

他到日本的時機正好。明治後期的日本正在反省、討論：快速西化的「維新運動」進行了這麼些年後，接下來該怎麼辦？原本「脫亞入歐」的夢想看起來愈來愈難實現，於是出現了強大的呼聲要讓日本面對現實回到亞洲，而有了「大亞細亞主義」。

不過如果要以亞洲的力量對抗歐洲，那麼不得不考慮中國的因素。這時候的日本，與其說對中國有野心，不如說是對中國充滿了憂慮。在當前的局勢下，中國看來隨時有可能被西方帝國主義者瓜分而滅亡，如果發生這樣的事，那麼西方勢力將以更龐大的規模排山倒海進入亞洲，就再也別想能將他們趕出去，建立「亞洲人的亞洲」了。而且在這過程中，很可能日本也會被拖下水，再度受到西方帝國主義壓迫。

日本要保有到目前為止的「維新」成就，要以亞洲對抗西方，和西方列強平起平坐，那就非幫助中國不可。當時的日本還沒有強大到動念去侵略、占領中國，他們的基本態度是出於自保，必須讓中國盡快改革，不要再那麼虛弱、那麼腐敗。

孫中山到日本時，日本政界環繞著大隈重信，形成了要幫助中國的政策走向。「大隈主義」認為日本在西元七世紀構成歷史突破的「大化革新」是向中國學習，在文化上受到中國的協助，所以現在應該投桃報李，反過來影響中國，幫助中國強大。強大後的中國也才能和日本攜手，抵抗西方列強不饜足的野心。

中國發生「庚子事變」時，雖然日本也參與了「八國聯軍」，但日本政界與社會更升高了焦慮，擔心列強如果真的瓜分中國將會帶來的連環效應。於是在日本出現了「支那保全」的口號，成為重要的外交主張、方針。

孫中山之前去日本，身分是一場失敗起義的策劃者，但去英國繞一圈之後，再到日本時，他搖身一變成為海外中國革命的代表人物。很快地在他身邊就圍繞著宮崎滔天、平山周等認同「大亞細亞主義」的浪人，他們牽線讓孫中山認識了犬養毅、大隈重信等政界核心人士。

08 海外的聲望帶來國內的合作變化

孫中山在日本得到了奧援，就派陳少白到香港創辦《中國日報》，透過《中國日報》又和在香港的紳商何啟、李紀堂等人聯繫上，在香港成立了革命基地。

「戊戌政變」後，康、梁也到了日本，日本也給予贊助，視他們同為中國的改革者。前面提過，康、梁原本有著「戊戌變法」帶來的聲譽，但梁啟超和孫中山見面後，受到革命主張衝擊，以至於康有為不得不將梁啟超從日本支開，要他去檀香山經營僑社。

這番經歷又再度抬高了孫中山的地位，在日本他成為可以和康有為、梁啟超平起平坐的一方人物。到這時候，認真追究，孫中山確實從事過的，不過是在他成長居住過、有親戚人脈的檀香山成立了一個募款聯盟興中會，然後贊助、參與了在廣州的一次流產起義活動，如此而已。

然而一步一步地，藉由機緣，加上他的能言善道、敢言敢演，善加掌握時機，成為許多人心目中的革命代表。得到了這樣的身分，有些事就會自動找上孫中山。

一八九八年美國打敗西班牙，取得菲律賓作為殖民地，動盪中刺激產生了菲律賓的獨立運動。那裡的獨立運動者號召、鼓吹擺脫西方殖民統治，很自然會受到「大亞細亞主義」的吸引，他們也想藉由亞洲團結，幫助他們將西班牙人、美國人都趕出去。

菲律賓的革命分子也找上了日本尋求協助，日本人就去要求孫中山，看是否能讓中國和菲律賓的革命力量連結起來。如果菲律賓革命成功，孫中山可以利用更靠近中國的菲律賓作為推動革命、反抗清朝的基地。

於是孫中山和菲律賓、新加坡，以及日本統治下的臺灣有了聯繫，更強化了他在中國以外地區的聲望。海外的聲望又帶來國內的變化，他原本以「三合會」為其幫會合作對象，這時候「哥老會」也來找他了。

這十六年間，孫中山在中國以外的地方領導革命，這是個特定歷史時空下意外有效的方式。正因為他不能直接參與實際行動，他的名聲反而愈來愈響亮。到後來甚至很多事情可以在國內直接奉他的名義進行。哥老會相信藉由聯繫孫中山得到海外的奧援，更有希望能夠推翻清廷。

於是在一八九九年，哥老會和三合會兩大幫會首領見面並討論合作事宜。他們合作的基礎是想透過孫中山得到海外的金錢與槍械資源。又有具體行動要準備募款，興中會各地分會重新活躍起來。

興中會要在檀香山為革命行動募款，但此時的情況和一八九四年有著關鍵的差異，那就是多了「保皇會」在卡位與爭奪資源。哥老會一方面在革命勢力連結上不如三合會，一方面理解到保皇會在海外也很有聲勢，不久之後便倒向了保皇會。

保皇會承諾要給錢、運槍械，哥老會便退出和三合會的合作。但三合會的起義行動已箭在弦上，最後還是決定發動一九〇〇年的「惠州起義」。

09 惠州起義與中國社會的革命夢幻

廣東惠州是販鹽交易中心，牽涉到鹽業必定很複雜，也會有很多幫會關係。另外，這裡又是三合會和興中會重要幹部鄭士良的家鄉，所以由鄭士良主導這次起義。

籌措經費時，孫中山動用了他的新關係，去找日本人資助，因此產生了新的變數。日本人取得臺灣為殖民地，在中國的最大利益著眼點放在海峽對岸的福建，於是當時的臺灣總督府民政長官後藤新平就擬了一項計畫，希望能藉由這次的行動讓日本控有廈門。

孫中山在一九〇〇年九月到了臺灣，主要就是為了和臺灣總督府討論此事。但他還在和日本商談時，那邊惠州起義已經發動了。參與其中最重要的人物，一個是鄭士良，另一個是史堅如。史堅如當年只有二十一歲，原本在家鄉被視為下一個梁啟超，出身科考世家，小時候讀書、考試成就斐然。後來受到革命思想影響，不只放棄考試，還積極投入推翻滿清的行動。

惠州起義發動了，革命分子和清朝官兵僵持十七天，卻接獲孫中山命令，要求革命部隊轉往廈門，以便就近獲得補給。鄭士良聽命帶隊移動，還沒到福建的邊界就因彈藥不足而被迫解散，他和楊衢雲逃到香港後，雙雙被清朝政府暗殺。史堅如當時留在廣州策應，計畫引爆炸藥行刺廣東巡撫德壽，行動失敗後也被捕、被殺了。

這次起義失敗，對孫中山是很大的打擊。他被日本人的條件所誘惑，相信只要能將起義行動移轉到廈門，就能得到充分的資助，這比攻下惠州重要得多。但他的決定證明是錯誤的，起義失敗同時，也動搖了原先三合會對他的信任。

不得已，孫中山展開了新的落拓浪跡生涯，在幾年中從日本橫濱去到安南河內，再到美國、到歐洲，又回日本，再去河內、新加坡，最後到了馬來西亞的檳城。馬不停蹄也意味著在中國革命事業上，他能夠有效使力之處愈來愈少了。

而在這段時間裡，中國本土的「革命」思想愈來愈普遍，「革命」口號也愈喊愈響亮。二十歲不到的天才青年鄒容用押韻的通俗文字寫成了慷慨激昂的《革命軍》一書，一時風靡，成功地賦予「革命」高度的情緒感染力，卻也使得革命的實質內涵變得更理想化、也更模糊了。

「革命」最早其實就是「造反」的代名詞，將負面的「造反」改用正面的態度表現，其意義很清楚就是反對朝廷，要以行動推翻既有的政權。但此時中國社會的氣氛卻是不斷擴張「革命」的意涵與範圍，同時附加上愈來愈強烈的情緒煽動。「革命」逐漸包括了一切帶有理想性的、要推翻既有秩序的想法與行動。

從一個角度看，等於是中國社會在許諾追求一場不切實際的革命夢幻。所有看不順眼的事物，都可以透過「革命」予以取消。而廣泛的夢幻想像，又在民族主義影響下，凝縮在一個簡單、簡化的手段上——「驅除韃虜」，只要將滿洲人趕走，所有問題都得以解決，所有夢幻都得以實現。

一方面，革命的定義愈來愈寬鬆，每一個人都能和革命有關，因為沒有人在那樣的環境中活得很滿意，都會想要以革命的手段來消滅、排除自己不滿的某些現狀。另一方面，革命的手段又愈來愈固定、愈明確。反正將滿洲人趕走就是了，西方列強就不會再壓迫我們，一般人的生活就不會那麼窮苦，我們也就可以得到自由而不用背負枷鎖了。

10 同盟會：革命團體紛起後的聯盟

和普遍革命心態形成並肩平行發展的，是中國地方的自主勢力愈來愈蓬勃、強大。一九〇〇年「東南互保運動」之後，各省都出現了自主的團體。這些團體原本當然不是以造反為目的的，不是狹義的革命團體；然而當革命的定義與範圍不斷擴大，許多團體都開始出現和革命相關的活動，逐漸形成廣義的革命團體。

這些團體不同於三合會、哥老會，他們往往吸引了地方鄉紳加入，甚至就是地方鄉紳籌畫、領導所形成的。他們不是祕密會社，他們活動時也不需要依靠海外資源，更和原本的海外僑社沒有什麼聯繫。

孫中山和國內這番新發展是脫節的。他必須試圖調整，在這個新結構中找到自己的位子。他給自己設定的一種新角色，是去向外國政府遊說、兜售中國的地方利權。他試圖創造一個在總理各國事務衙門以外，和外國進行協商的管道。以他的名聲和身分，建立與各國政府間的祕密協定：如果革命成功之後，願意將哪一省的鐵路或礦業利權交給該國獨占或寡占經營。

藉由這樣的遊走，空口承諾交易，孫中山雖然不可能落實任何方案，卻有效地維持了在外國人心中的革命海外代表地位。他在外國人之間的名氣遠遠大過在中國，甚至是透過外國人的口中，中國人才驚訝地知道有孫中山這樣的一號革命人物。

到了一九〇五年，有了新一波的機會。廢除科舉引發中國境內進一步的騷動不安，刺激出中國境內更多廣義的革命團體，讓外國政府都感到關切。特別予以注意並調查的是法國人。在他們蒐集情報的過程中，當然不可能漏掉孫中山。法國人認為在中國看似混亂的革命組織中，只有一個人有可能、有機會進行整合，那就是孫中山。

外國人需要找到中國革命現狀與革命組織的線頭，他們願意在孫中山身上投注資源，靠著掌握孫中山來掌握看似毫無頭緒的革命亂象。這是一九〇五年在東京成立「同盟會」的背景。

「同盟會」的名稱充分說明了這個組織的性質。「同盟會」是各個革命團體所形成的聯盟，組織的主體不是個別的人，而是各省的革命團體。成立之初，構成同盟會主體基礎的是「興中會」與「華興會」。前者是孫中山原本的組織，以廣東及海外僑社為基礎，後者則是以湖廣地區為主要活動範圍。到了一九〇六年，又加上以江浙地區為基地的「光復會」。

華興會的主要領袖是黃興和宋教仁，光復會的領袖代表則有章炳麟、陶成章。這兩個組織當時都比興中會的勢力更大些。同盟會的創黨黨員中，只有十人屬於興中會，十人中還有三個是日本人。

同盟會一共有三大部門、三十位幹部，只有兩位來自興中會。創會之後，在一九〇六年間一共吸收、新增了九百六十三名黨員，其中八百多人是東京的留學生。這九百多人從籍貫上看，廣東和廣西加起來只有一百一十二人。

既然勢力比興中會大，華興會之所以願意加入一起組同盟會，不是看中興中會的實力，而是著眼於孫中山的名氣，以及孫中山的海外關係。因此孫中山和宋教仁有了分工上的默契，孫負責海外，宋負責在國內推動。

11 一個有辦法進行外交折衝協商的總統

這樣一個聯盟，推動起來沒有那麼容易，最困難還在於和外國勢力間的關係。從「惠州起義」之後，有幾年時間，孫中山扮演的是買空賣空、穿梭仲介外國關係的角色，以未來革命成功後的利權當遠期支票，看有哪個政府願意被說服而提供資助。他在這上面展現了精妙的手腕，而且他真心相信這是推動中國革命最好的一條途徑。

以他這樣一個原本屬中國社會的邊緣人，沒有背景、沒有資歷，也沒有任何其他成就作為聲望基礎，竟然能夠替自己博得這樣的地位，那是他獨特的成就。不過他為自己掙得地位所依賴的世界觀，在同盟會中卻成了製造緊張、甚至分裂的不安因素。

因為華興會、光復會這些人都是純粹的民族主義者，他們致力於傾覆滿清朝廷，但在民族主義的原則下，他們也視外國人為仇敵。甚至推翻滿清的其中一項理由，就是為了伸張中國主權，得以將外國人也一併趕出去。

在對待外國勢力一事上，黃興、宋教仁等絕非孫中山的同志。而孫中山不能在國內活動，只能在海外周旋，他怎麼可能不看重外國人與外國政府呢？沒有外國人與外國政府支持的背景，那又幹嘛要他當同盟會的會長呢？這就使得這種隱性的衝突一直存在。

到了一九〇七年，光復會的章炳麟源於《民報》[7]經費的事，懷疑孫中山挪用會款，發動了「驅孫」運動，導致光復會與同盟會決裂。此後同盟會內部的緊張局勢引發了孫中山的高度危機

7 《民報》的前身是華興會所辦刊物《二十世紀之支那》，一九〇五年華興會加入同盟會之後，將刊物改名為《民報》，成為同盟會的機關報。之後章炳麟接手主編《民報》，更展開和保皇派《新民叢報》的筆戰，讓《民報》聲名大噪。

感，必須努力維繫自己在革命陣營的地位。所以他動用一切的資源，回到他的根源地，發動了一九一一年春天的第三次廣州起義，也就是「黃花崗之役」。

當時攻打兩廣總督衙門幹得轟轟烈烈，但仍然以快速失敗收場，犧牲了林覺民等人。事件之後，黃興與宋教仁更進一步想將孫中山的兩廣勢力從同盟會中排擠出來，但孫中山竭力阻止，於是他們決定另起爐灶，轉而成立了「中部同盟會」。

光看名字很像是同盟會的中部分會，但實際上這個組織是要取代、排除孫中山及其兩廣成員，以取代同盟會。後來由「中部同盟會」參與的武昌新軍起義成功了，這帳就又仍然算回同盟會的老字號上。

武昌起義的成功，前面靠的是有武器的新軍打敗了湖廣總督衙門的官兵，後面更重要的是引發了各省紛紛宣告獨立的效應。這很清楚反映出過去幾年中地方勢力的長足發展。

一度看起來，中國面臨分裂，清廷仍控有北方，於是其他獨立的各省不能一直獨立，必須趕緊想辦法建立自身的政權。最為關鍵的不是清廷的措施，而是外國政府的態度。如何和外國交涉、爭取支持，變得至為重要。於是已經在外流亡十六年，武昌起義發生時遠在美國，甚至長期培植的力量於半年前幾乎都在廣州淪喪的孫中山，突然取得了特殊且近乎無可取代的地位。

在當時情勢下，中國最需要的不是一個統治各省的總統，毋寧是一個有辦法進行外交折衝協商的總統，在這個條件上，無論是名聲或資歷，沒有人能超越孫中山。孫中山因而當上了共和國的臨時大總統，但也因為如此，這段歷史就被視為他所領導的革命的終極勝利。

如此產生了後來被固定下來的一套革命史論述，將晚清錯綜複雜的變化，整理出一個容易掌握的條理，講成了是以孫中山為中心，革命不斷擴大力量，到最後推翻了滿清的過程。

第八講

江河日下的中國經濟

01 中國是西方列強的「次殖民地」

孫中山在《三民主義演講稿》中，對於中國的民族情況提出了一個觀念，說一般人認為中國是「半殖民地」，他卻主張中國是西方列強的「次殖民地」。「半殖民地」的意思是還未淪為殖民地，只是在某些方面被以殖民地的方式對待，而「次殖民地」卻是連殖民地都不如。

中國不是任何國家的殖民地。一個殖民地必定有母國，由母國派遣軍隊占領，並且派遣總督進行統治。總督及其政府沒有獨立性，更不是要服務殖民地人民的，而是追求母國的最大利益，遵循母國政府的指令行事。中國在政治上絕對不是這種狀況。

孫中山的洞見是：中國不是殖民地，但實質處境比殖民地還不如。殖民地只有一個母國在壓榨其利益，而且畢竟還能得到母國的保護，同時也就不受其他國家欺負。中國卻是被好幾個國家壓榨，中國的政府——從晚清的朝廷到後來的北洋政府——都被列強任意支使，沒有獨立施政的能力，成為替列強服務的工具。

這樣哪有比較好！不從表面看殖民地的形式要件，而去追究實質運作的話，那麼中國和殖民地真的沒有差距那麼遠，更不必然比殖民地好到哪裡去。

清朝的最後幾年，很明顯地其政府能力，尤其在保護國家經濟利益、運作國家財政方面，遠遠不如許多由英國、法國所建立的殖民地政府。甚至如果將比較的時間設定在一九〇〇年到一九一〇年這十年間，那麼清廷在這些方面的成績，也比不上日本在臺灣的總督府。

從一個角度看，清廷傳承中國過去的政治結構，原本就不具備因應現代經濟與財政的機構能力。換另一個角度，我們還會看到在十九世紀末到二十世紀初，整個世界局勢的變化，又快速提高了對於政府經濟與財政政策的要求，連西方國家在這段時期都必須掙扎著改造自身國家體制，才能維繫足夠的統治力。原本就缺乏基礎、原本就落後的清廷，在每一個新的轉折變化來臨時，就愈落後愈遠了。

02 永不加賦、小國寡民的長期影響

清朝的統治合法性建立在「永不加賦」的承諾上，也就是國家施政以盡量不破壞農業生產基礎為最高指導原則。這是滿洲人入關後對於明朝滅亡的檢討所得到的教訓，化為不可動搖的「祖宗家法」。

一直到太平天國亂事爆發之前，這項政策基本上保持有效，朝廷的確小心翼翼地不讓各種問

題靠著搾取農業生產所得、破壞小農自給自足結構來解決。因而這段時間中，人口得以大幅增加，農業收穫一直能跟得上。

與此相關的，是朝廷也盡量防範土地兼併。入關之初，有八旗貴族占地、換地的騷擾，不過到康熙朝之後，朝廷就加緊對於土地的看管，建立為官場內在的價值。雖然沒有固定的制度性規範，但往下到縣官層次，都視轄區內的土地兼併為警訊，地方官有權也有責進行干預，以統治力介入，有效阻擾、防堵土地所有權的高度不平均分配。由科舉出身的士人，在受教讀書的過程中，就吸收了將大地主視為土豪劣紳的根本觀念，等到中舉當官後，朝廷也的確給予一定的權力去壓抑、制衡這些大地主。

所以整體來說，清朝兩百多年的時間中，土地兼併狀況相對是和緩的，得以和「永不加賦」併行作用，維持了農業生產的穩定性。

不過換另一個角度看，除了「永不加賦」與防範土地兼併之外，對於其他經濟活動，朝廷卻管得很少。自明朝以降，城市生活、商品經濟長足發達，但朝廷很少介入，也一直沒有建立可以有效介入和管理的手段。這一部分要追溯自朱元璋的觀念，他建立的帝國管理機制，是要讓人民活在「小國寡民」、清心寡慾式的環境裡，所以他不會想到要關心商業、管理城市。

明朝的城市與商業貿易自主發展得極為快速、蓬勃，這種趨勢還一直延續到清朝。加上對於土地兼併的控管，使得商業利益無法大筆轉換為土地，於是只能將閒錢花費在培養子弟讀書參加科考，或花費在城市生活享受上。

城市商業和自給自足的農業生產併行。但在一八六〇年之後，原來的自然農業體系受到外國勢力進入的影響而大幅改變了。傳統上談到農業生產，最簡單的描繪就是四個字——男耕女織。「耕」與「織」都是和土地密切連結、勞力密集的生產活動。長期以來，在中國經濟系統中形成了勞動力投入與報酬大致平衡的狀態。

03 機器紡紗織布，土布無從與洋布競爭

先看「女織」。衣服的製作大致可以分成三個階段，一是繅紗，二是織布，三是裁縫，而其中最費力氣的是繅紗。不論原料是麻或棉或絲，都必須先將較短的纖維混同捏合，形成長纖維，才能進一步用經緯相交的方式織成布。

過去在農村裡，婦女的工作就是依照時令去收成麻、棉或蠶絲，付出許多勞動力來進行繅紗織布。等到十九世紀機器生產在歐洲興起，最早就用在替代原本紡織上的人力，尤其是以機器進行繅紗。繅紗很費工，卻不像需要安排縱橫交錯的織布那麼麻煩，所以最容易讓機器取代工作。機器將紗繅好了，捲成一個一個紡錘，所以早期的紡織廠規模都是算多少「錘」的。

一八六〇年代，西方國家用機器紡好的紗線開始進入中國。其中一個來源是英國的羊毛紗，另外一個是來自美國的棉紗。英國因為圈地運動增加了羊隻畜養，美國則是在南方運用黑奴人力進行棉花生產。處理原料的能力增強了，機器可以快速處理羊毛與棉花以製成紗線，也就刺激了畜養與種植的面積相應擴增。

然而不斷增加的生產，終究必須找到可以消費這些產品的市場。

紡織業一直是英國帝國主義背後的重要支持與推動力量。英國紡織業當然不可能放過中國作為他們擴增生產的消費去處。一八六〇年代開始源源輸入，到了一八八〇年，洋紗已經在中國創造了強大的市場優勢。有賴於蒸氣運用在船隻海運上，大幅提升船隻噸位，使得遠洋航行不只更安全，重量單位成本也愈來愈低。機器大量生產，船隻大量運送，以至於遠從印度孟買來的棉紗，其售價已經低於土紗，土紗的價錢幾乎是孟買紗的一倍半。換另一種算法，孟買紗的價錢和未經繅紗的本土棉花原料價格是差不多的。

這已經造成很大的衝擊，土紗被洋紗所取代，很多家戶不再自己繅紗，改而花錢去買洋紗來織布。這就使得原本的自然實物經濟系統被破壞了一部分。更大的衝擊還在後面，等到在運用機器織布上又得到突破，那就不只土紗要被淘汰，連土布都競爭不過洋布了。

這方面的變化又分成兩個階段。第一階段是洋布雖然比土布便宜，不過剛開始機器生產出來的布，在經緯線交織處不容易平整，看起來沒有土布好看。不過這部分的技術問題很快又解決了，於是不用經過人手的洋布，反而可以織得比土布更平整，這是第二階段。土布、洋布一相比，原先不會被注意的缺點就冒出來了。

首先，機器創造的平整度，讓布上面染的顏色可以更均勻，相對就覺得土布的顏色不好看了。再來，人力操作的織布機受限於人手長度，織出來的布幅有一定的寬度限制。機器就沒有這種問題，所以那時候的洋布布幅已經做到土布的一倍以上。

如此一來，土布無從競爭，產銷大為受挫，原本的「女織」架構維持不住了。

04 自然經濟成分下降，貨幣經濟成分上升

再看「男耕」。清朝不斷向西方勢力讓步，對外貿易的範圍持續增加。從最早的通商口岸，到更多通商口岸，到開放洋船航行內河，到劃分個別國家的勢力範圍，等於整個範圍內都是該國能夠進行貿易的領域。到最後，對外國的貿易行為幾乎沒有任何可以有效執行的限制令。

太平天國動亂中，地方團練靠「釐金」來籌措軍費，軍費需求愈大，抽釐金的項目就愈多。這個過程等於開始建立中國的交易稅、商業稅制度，也意味著朝廷此時更無法對貿易成長加以設限，必須依賴足夠的釐金，才有資源去對抗太平天國。

貿易的量與貿易的範圍持續地快速增加，就將許多過去自給自足的農業轉變為帶有商業性質。像是小麥，原本絕大部分屬於家戶自產自用，頂多在附近地區透過市集買賣，但到這時候，連小麥都開始出現特殊的交易市場網絡。有商業利益誘惑，就使得許多土地改而種植商業作物以換取金錢。金錢逐漸改變了農業生產的運作模式。

在農民的生活中，自然經濟的成分下降，貨幣經濟的成分上升，因為農民需要將農作送到市場換成錢，用錢來生活。此時農民就不知不覺被吸拉進入貨幣體系中，成為這段時期貨幣經濟大變動的受害者。

最大的變動是白銀外流，前面是因為鴉片交易，後面有更龐大的賠款因素。所以從貨幣經濟來看，這段時期一方面貨幣需求升高，另一方面貨幣供給卻又不斷減少，產生了嚴重落差。

清廷對於貨幣經濟不只無法有效管理，面對貨幣現象仍然抱持傳統的觀念，以至於幾次的重大貨幣政策，反而更惡化了問題的嚴重程度。

這種導源於錯誤觀念的政策，包括了下令鑄造「當五百大錢」、「當百大錢」、「當五十大錢」等。錢的名字加上「當」字，表示雖然本身價值不到五十大錢，卻可以當作五十大錢來交易，政府規定這錢就等於五十大錢。沒有「當」字，這錢或許還能以五十大錢的價值通行一陣子；加了「當」字，就是明白告訴人家這錢不值五十大錢，那要如何光靠朝廷命令，就能讓所有人視其為五十大錢？

應該預期卻竟然無法預期的政策結果是，這種錢不會有人願意用、願意收，至少絕對不可能依照「當五十大錢」的價值來用、來收。幣面價值五十大錢，但必然一發行就貶值，而且還無法控制貶值的程度，不但無法增加貨幣供給，還平白添加貨幣紊亂。

在銀錢併用的系統中，白銀流出也造成銀價騰貴，朝廷又用這種方式自己紊亂了銅錢，讓市面上有公信力、能夠通用的貨幣變得更為短缺。朝廷也嘗試發行「寶鈔」，也就是紙幣，然而在缺乏準備、更缺乏監管機制的情況下，又有誰敢收、敢用這種鈔票？

05 社會勞動力倚幫會，金融業務力靠錢莊

在一八八〇年之前，中國經濟景氣變動最大的因素是天災荒歉。農業收成失敗造成農民不得不流離失所，到他處就食。如果荒歉程度低些，鄰近地區足以供給流民糧食，情況得以穩定到明年；隨著荒歉程度升高，受影響的範圍就愈廣，所需恢復的時間也就愈長。

但到了一八八〇年代，經濟高度貨幣化，形成了失序的複雜系統，農村自然經濟的循環有些部分被永久破壞。繅紗、織布的工作迅速消失了，農產品價格的高度波動形成了，這些都是清朝政府無法理解、無能應對的全面新狀況，使得景氣不再有明確的循環模式。

在景氣不佳時，從農村裡游離出大批人口，他們得不到安排收拾，原先的自然經濟系統又不可能恢復到足以容納他們的地步，他們只好聚集到通商口岸，成為原始勞動力。他們甚至不是一般意義下的工人，因為這時的工廠制度都尚未成型。他們只能去當腳伕，由新興的運輸系統來吸收，於是進一步增加了運輸能力，降低運輸成本，連帶循環地使得貨幣經濟更為普遍，自然經濟更形步步撤退。

這段時期，三合會、哥老會等在組織上快速成長，因為幫會力量在這種環境裡格外給力。幫會給予碼頭工人一點起碼的集體保護，如果是個人單打獨鬥，在這種新興的流離環境中，恐怕連要當個乞丐都有困難。

革命的觀念、革命的口號流傳愈來愈廣，革命的氣焰愈來愈盛，也和社會勞動力的流動有關，而清朝政府對此也完全無能為力。

清廷不只沒有貨幣政策、沒有管理貨幣的基本能力，還嚴重缺乏銀行金融事務的執行能力。這些事務過去操控在民間錢莊手中，和政府關係疏遠，政府更不可能有概念要如何對這些錢莊業務進行現代或西化的轉型。

外國勢力進入後，在這方面對清廷愈來愈不利。錢莊有基本的存款、放款與解款功能，外國勢力很快就透過洋行、買辦，將錢莊的這些業務吸納過來。洋行在中國的主要任務是做生意，有買有賣、有進有出，靠錢莊來處理方便得多了。等到外國銀行進來時，錢莊就變成了外國銀行的實質分行，協助外國金融業繼續在中國快速成長。

從一八六〇年到一八九〇年，外國勢力在中國愈來愈活躍，但是外國銀行在中國的分支機構卻增設緩慢。主要是因為像德意志銀行只需在北京設立總行，不需要再到上海或蕪湖去開分行，可以運用資金聯繫傳統的錢莊，比自己設立分行更有效。

然而一八九五年之後，西方銀行的業務有了極大的改變。造成改變的不是經濟、金融上的原因，而是政治上的。

06 借錢給清廷是高獲利低風險的好生意

一八九五年之後，外國銀行出現了不能放給傳統錢莊去處理的大業務。那是源自「馬關條約」的賠款規定。「馬關條約」規定清朝要在七年內對日本賠償二萬萬兩，還要加上未償付金額百分之五的年息。到「三國干涉還遼」，又多加三千萬兩換回遼東。

清朝政府當時的年度總歲入只有八千萬兩，而要賠給日本的，占七年中總歲入將近一半，這樣的收支如何平衡？當然只能靠大幅舉債。於是其他各國銀行立即嗅到了豐厚的利益氣味，趕緊布局爭取對清朝貸款。

清朝財政雖然瀕臨破產，但中國畢竟是大國，光是關稅和鹽稅抵押，還是可以保證每年能償還相當數額。更方便的是海關握在專業的英國人手中，清朝政府不能任意指揮，最適合用來保證抵押。所以借錢給清廷是高獲利、低風險的好生意。

一八九五年開始對日還款，好不容易在一八九八年提前還清，又在一九〇一年簽訂了「辛丑和約」，賠款總數是四萬萬五千萬兩。而且這次列強有了新的措施。列強從「馬關條約」借款取息的經驗中刺激出更長遠的辦法，那就是四萬萬五千萬兩賠款要分三十九年償還，在這段時間中按照百分之四的年息計息。如此，到三十九年後的一九四〇年，償還的本利總數將達到九萬萬八千萬兩，利息比原來的本金還多了八千萬兩！

這還沒完。以當時清朝政府的財務狀態，一年就連二千五百萬兩都還不出來，所以唯一的方式，仍然是找出足以作為抵押的國家資源，向外國銀行借貸。借錢當然還是要付利息。於是原本四萬萬五千萬兩的賠款，先加一層三十九年攤還的利息，再加一層向銀行借款還錢的利息，以債養債，債債相疊。利息加總，每年大約是百分之八到百分之十一點五，根本就不是四萬萬五千萬這個數字能了結的，變成了一筆總也還不完的債款！

光是與庚子賠款直接聯繫的，就足以在中國創造驚人且龐大的金融運作，更刺激了各國銀行進入中國。他們開設分行之後，除了貸款給清朝政府，還同時吸收中國民間的存款。

他們的優勢也很清楚。中國傳統的錢莊無法現代化，中國政府自身又遲遲無法建立現代金融體系，在信用度上遠遠不如外國人，稍有資財的中國人為了財富安全考量，當然會選擇將錢存進外國銀行。

外國銀行就更進一步擴張其業務。在山東的德華銀行，沒有知會清朝政府，更不覺得需要徵求清朝政府同意，就發行了自己的紙鈔，很快地在流通區域內成為中國人交易上的首選。日本人也同樣在福建發行了紙鈔。

而他們之所以能夠在中國發行受歡迎的紙鈔，靠的是後面擁有更值得信賴的貨幣準備，那就是清朝政府的賠款與借款利息！

07 投資中國比投資殖民地來得划算

區域性的紙鈔通行到一定程度，又取得另一項優勢，那就是得以控制外匯匯率。此時交易過程中所使用的貨幣，都控制在外國銀行手中。他們可以運用自身發行的貨幣為槓桿，再加上在匯率作用上的資訊不平等，從中得到更大的利益。

在這幾年中，這些外國銀行創造了人類歷史上少見的金融現象，建構了層層剝削獲利的拆放機制。最根底是賠款，再來是為了賠款而付出的借款利息，再來是因為自身通貨瓦解而創造出外國銀行貨幣的需求，再來是由外國銀行操控上下其手的匯率，建構在清朝政府的無能上，層層抽取中國的利益。

接下來，還能夠由外國銀行支持外國產業在中國經營發展，獲得在特許上和資金成本上的雙重特權。這段時間中，外國資金在中國的投資有著絕對安全保障，而且一本萬利，比起花在殖民地統治上要有用、划算多了。

對比看日本經營臺灣的例子就很清楚。日本原先興高采烈地認為在「馬關條約」中取得了雙重利益，既有二萬萬兩的賠償，又得到一個海外殖民地。然而兩年之後，他們的態度和觀點徹底改變，發現所得到的賠款有很大一部分必須投在征服臺灣，以及在臺灣建立有效統治上，以至於嚴重減損了原本預期賠款應該能在日本的國家財政與經濟投資上的作用。於是當時的日本國會出現了將臺灣賣掉的呼聲，政府甚至也具體接觸了可能的「買方」——英國和法國。

相形之下，外國銀行在中國投入的資金，必然能夠從未來的賠款中得到加上利息的償還，利息所得可以用在投資如鐵路、開礦等特許行業，又是穩賺不賠。

在庚子賠款中，美國只分到其中的百分之七。到了一九〇八年，經過駐美公使梁誠的多年爭取，由當時主政的老羅斯福（Theodore Roosevelt, 1858-1919）總統決定，將尚未償付的大約百分之四十的賠款成立了一個「助學基金」，用在支持中國學生到美國留學，並於一九〇九年成立「遊美學務處」和「肄業館」。這所「肄業館」兩年之後改名為「清華學堂」，作為留美預備學校，也就是清華大學的前身。

這筆錢後來還用在「清華基金」等用途。光是賠款中大約百分之三的金額就如此好用，由此大約可以覘知當時其他列強從中國取得了多麼龐大的利益。他們基本上是以掠奪方式取走了中國利益，取得愈多，中國的經濟就受到愈大的傷害。

08 利權奉送，三國干涉還遼的連串後遺症

回溯「馬關條約」，中國讓渡了兩項重要利權，之後很快就擴及其他享有最惠國待遇的國家都可以同樣獲得。第一項是將長江航權延伸開放到重慶，讓外國船隻得以通行；第二項是允許外國人在通商口岸和城市設置工廠。

清廷在洋務運動時曾經訂定目標，要保護部分關鍵產業，希望未來得以自行發展生產。然而這方面的進展極為緩慢，還來不及取得確切的成績，就遇到甲午戰敗，在條約談判時守不住，被迫對外開放。

「馬關條約」還有另一項複雜的後遺症。日本原先除了臺灣之外，還得到了遼東半島，卻因此引發俄羅斯的不滿與領土危機感，於是由俄羅斯主導，聯合法國、德國發動「三國干涉還遼」

事件。最後清廷得以用三千萬兩贖回，保住了遼東半島。三國干涉還遼之後，俄羅斯和法國就立即向清朝政府討功勞，強取謝酬。

一八九五年，法國和清廷簽訂了「中法續議商務條款」和「中法續議界務條款」。前者是將過去與商務相關的條約做一次整理，並將新的要求統合進去。後者的關鍵在於「界務」，指的是國界問題，但中國怎麼可能會和法國有國界問題，需要整理統納？

這裡的「界務」顯然不是中國和法國之間的，而是中國和法屬印度支那，也就是和中南半島之間的界線劃分。條約的重點是法國人要求中國不得將海南島割讓給其他國家，要求延長龍州鐵路並開採兩廣和雲南的鐵礦，要求修築從雲南到越南的通商鐵路。

一八九六年，俄羅斯也和清朝簽訂了「中俄密約」，規定如果有戰爭、軍事上需要時，俄羅斯軍隊得以開往中國所有的港口。中國允許俄羅斯在黑龍江和吉林修築東清鐵路，和西伯利亞鐵路接軌。之後在密約之外，俄羅斯又要求滿洲、蒙古的鐵路與工業獨占權，並且要將東清鐵路再從吉林延伸到大連，要求大連和旅順作為俄羅斯的租借地。

「三國干涉還遼」引發了這一系列的後遺症，到後來協定內容被英國得知，英國直接去找法國，雙方簽訂了一份內容全都是關於中國、卻從頭到尾沒有徵求中國同意的協定。協定中，英國同意將在中國四川取得的利權和法國分享，換得法國給予英國在中國雲南所得到的利權。

一八九八年，英國又去找德國，簽訂了另一份協約，同意讓德國在中國興建從天津到山東南部的鐵路，換取德國同意從山東再往南到鎮江的鐵路由英國興建。當然這樣一條由英德合作、從天津到鎮江的鐵路，也沒有徵求中國政府同意。

一八九九年，英國也找了俄羅斯，簽下了協定，英國承認俄羅斯在長城以北取得的所有利權，換得俄羅斯承認英國在長江流域得到的所有利權。

英國採取各個擊破的方式，確保這三個國家從「干涉還遼」中獲得的特殊地位，終究都對英國有利。

09 列強的投資重點，清朝的借款還款

從這些列強間的協議，可以清楚看出他們在中國得到賠款和借款利息後主要的投資重點。

第一是投資採礦，礦脈的分布成為各國劃分勢力範圍時的重要考量。十幾年間，到辛亥革命爆發前，外國人在中國總共投資了一百三十家企業，其中有三十二家是礦場，更重要的是，這三十二家礦場的投資占了外國總投資額的一半。礦場是資本最為密集的新興產業。

第二個重點是投資開築鐵路，劃分勢力範圍時一定要取得開鐵路的專屬權利。積極開鐵路和十九世紀美國的發展有密切關係。美國依恃著地廣人稀、以股票方便籌集資金，以及有華工提供

廉價勞動力這三大條件，迅速地蓋起了徹底改變美國經濟結構的密集鐵路網，引發列強也想要在中國蓋鐵路，進一步探礦、開礦並銷售貨物。

到一九一一年，全中國境內修築了九千公里的鐵路，中間只大約百分之二十，也就是五分之一是中國人自有的，其他所有權都屬於外國人。

第三項投資重點是航運。「馬關條約」打開了中國的內港，讓外國船隻可以進來爭奪客貨運的利益。英國格外重視長江流域作為勢力範圍，一部分就是著眼於長江航運的巨大利益。

到一九一一年，在中國內河航行的船隻，有四分之三的噸位是屬於外國人的。如果算船隻數量，當然中國人擁有的還是比較多，然而外國船隻的載重、動力條件，平均遠遠超過中國船隻，快速地吸走了大多數的客貨運生意。

從礦業到鐵路到航運，都是高報酬的投資。短短幾年內，中國內部有價值的物質被源源運送出來，外國的商品也得以滲透到中國更多、更廣大的地區。

這段時間裡在中國設立的一百三十家企業，每年平均的利潤是營收的百分之二十左右；另外一個數字顯示，這些企業每年的平均利潤是資本額的百分之二十八，也就是不到四年可以賺回一個資本額。這種生意真好做，得到的利潤真高。

但從相反的方向看，中國的經濟已經被壓得幾乎要喘不過氣來。首先要用關稅、鹽稅去抵押借款，鉅額借款完全沒有任何生產性，都是用來償還的。因為關稅不夠支應，現在連鹽稅也不再能由清廷自主，列強規定清廷官員收到的鹽稅只能存放在五國銀行，或是由五國銀行認可的其他外國銀行。這是清朝政府明明白白在為外國人服務收稅。

這幾年中，清朝政府財政支出中最大筆的項目是還款，而收入中最大筆的是借款。靠著向外國銀行借款來還款，清廷就只是一個讓大筆金錢通過的戶頭，過程中卻必須支付巨額利息。錢都花在還款上，當然產生排擠效果，別的地方所需的經費變少了，必要時只能再借更多錢，付更多利息。

10 中華民國不是一個從零開始的國家

「庚子事變」帶給慈禧太后很大的刺激，從西安回北京之後，她逐漸明白改革不能不做，於是用放慢了的速度，重走一次當年「戊戌變法」的道路。走到一九〇五年，連當年覺得不可想像的「廢科舉」都做了。

清廷的確有改變，然而才那麼短的時間，情況卻再也推不回一八九八年了。此時的清廷不是「戊戌變法」時的清廷，不只是窮，而且沒有任何可以自主支出花費的空間。眾多的洋人債主隨時盯著看，你花的每分錢理論上都是他們的、是他們借你的，他們不同意你就不能花。

這十年間清廷在改革，但改革過程中國家持續崩裂瓦解，沒有錢的朝廷更沒有了收拾崩裂瓦解局面的能力。地方上的封疆大吏承擔的責任變得更重了，經常必須自籌財源，但也因此得到更大的空間，尤其是和當地活躍的外國勢力之間的關係，可以也必須直接聯絡處理。

地方仕紳也快速轉型。沒有了科舉，打碎了許多以進入朝廷做官為唯一人生目標的士人心態，在「地方自保」觀念刺激下，他們轉而關心地方事務，包括地方的經濟活動與財務安排。

傳統中國的終結，有一個重要面向是帝制中朝廷與地方關係的改變。地方勢力升高了，不過這並不是因為地方有了長足快速的發展，而是中央淪落瓦解的速度遠超過地方所造成的。

上一講中提到孫中山一度以中國未來的利權向外國政府遊說，也是源自他看到了在計畫奪取利權時，這些洋人愈來愈不在意清朝政府。可以越過清廷和其他國家簽協定，也可以越過清廷和地方談判，給了孫中山以革命新政府代表身分出現的奇特空間。

不過孫中山的敏銳眼光並沒有帶來明顯的成功，一方面因為他出身邊緣又長期流亡，和現實中國的關係太疏離；另一方面，也因為這段時間裡中國的衰亡變化太快了，正在討論、規劃的很快就過時了。

一九一一年辛亥革命發生之前，清朝政府已經在財政上破產。更嚴重的，外國勢力可以自由進入中國取走各種經濟利益，造成整個國家也瀕臨破產。這是孫中山斷言中國淪為「次殖民地」的根本依據，破產的國家已經沒有任何自主作為的可能。

晚清最後十年，清廷也曾力圖改革振作，但所有的債務封死了大部分改革的空間。不只是沒有錢，而且連想要圖強去賺些錢都沒辦法，因為所有能夠賺錢的管道與本事，都已經抵押給外國人，控制在外國人手中。

進一步看，甚至連推翻滿清就可以救中國的想法，也有其空洞、幻想的一面。改變了政府，卻改變不了財政與經濟上的這種結構。袁世凱取代孫中山成為大總統之後，攤開歷史上的記載，他從總統到變成皇帝的時間裡，政務上做了哪些事？最清楚、最明顯的前三件事是：借錢、借錢、借錢。不借錢，他的政權維持不下去，然而向日本借了錢，卻又成為引發公憤、使得洪憲帝制被推翻的主要原因。

不借錢不行，借了錢也不行，中華民國是在這種國家破產的兩難局面中誕生的，必須花很多的時間，才得以從債務的大泥沼中慢慢爬出來。

中華民國絕對不是一個從零開始的國家，毋寧比較接近是從負五百開始的。不會因為成立了中華民國，就可以自動打消這負五百的破產狀態。如果有人對於往後的民國史有興趣的話，這是應該隨時放在心上的背景認知。

11 國家破產下，一場政治社會文化大實驗場

傳統自然經濟與家族社會組織結合下所維持的安全網，在國家破產時首當其衝消失了。連帶地經濟事務上的既有規則也不再適用，加起來產生的效果就是人的運氣變得極度重要。有少數人抓住時機，一下子飛黃騰達，變得極為有錢；但同時有愈來愈多運氣不好的人，連基本的生活都無法保有。

另外，和外國資本有關的地方，如幾個先行西化的現代化城市，有著極其亮眼的經濟數據，也誕生了絢麗的十里洋場，但這些新興都會區之外，小城鎮與農村卻在貧窮邊緣掙扎著。

從平均數字上看，晚清最後十年從國家收入到經濟成長都有不錯的表現，但一來真正的受益者不是中國人民也不是清朝政府，而是收賠款、收利息、收投資獲利的外國人和外國政府；二來中國人民陷到貧窮線以下的比例不斷升高，呈現嚴重分配不均的現象。

困境於是刺激、深化、廣傳了革命的主張，升高了革命的訴求，也鼓舞了各式各樣的革命理想。革命取得了足夠的動能，卻也使得革命很難真正成功，因為革命的手段和革命的理想目標之間存在著愈來愈寬的鴻溝。政治上的改朝換代，甚至徹底改換體制，都無法解決國家破產問題，不會讓高漲的革命理想一夕實現。

從歷史上看，國家破產狀況帶來另一個難題。那是總體經濟層次的現象，也是全面國際資本主義力量下所造成的難題，而不管是清朝政府或後來的北洋政府，他們都不具備充分的知識，能夠像我們今天這樣理解、掌握國家破產的程度、原因、過程，就更遑論能夠找到拉住國家不再往破產深淵沉淪，得以減緩破產困窘的方案。

這甚至也聯繫到日本政府對華態度的改變。在知識上西化程度遠遠高於中國的日本，對於中國國家破產的認知理解一直都領先中國人，所以他們在民國建立之初，就霸道地提出「二十一條」要求，趁火打劫，利用中國國家破產的現況將自身收益最大化。另一方面，他們也對中國復興的期待愈來愈低，不再主張協助中國強大來進行亞洲合作、對抗西方，轉而要強勢占領中國，避免積弱的中國拖累日本。這是日本軍國主義興起的一項重要背景，也是「大東亞共榮圈」概念的基礎。

中華民國的建立遠比想像的困難得多。光是開國時正式典禮上要穿什麼衣服都無從取得共識。臨時大總統孫中山堅持西式禮服，但還有些清朝舊官員連辮子都沒剪，要如何穿西服？那還是以長袍馬褂出席，甚至還引發了原本朝廷的官帶戴還是不戴的爭議。由此推想而知，全面的舊體制要如何快速改變？那只能是邁不開腳步的一場政治、社會、文化大實驗場，比起日本「明治維新」困難得多。因為身為破產國家，中國不具備自主權，凡事都得看債主臉色，而債主不可能放棄干預。

看歷史不能只看北洋軍閥從賄選到互鬥，直系、皖系從分贓到翻臉，在這些表面事件底下，有著一段一段、一塊一塊拖遲進行的政治現代化改變。等於是一個人申請破產，在「破產法」保護下，暫時爭取到一點時間，收拾僅剩的一點家當，努力進行轉業訓練，看看能不能得到東山再起、重新做人的一點機會。

這是前三十年民國史的另一條主軸，一成立就不得不被編入新的世界秩序中，很快遭遇第一次世界大戰帶來的新局面，得以從原先的破產狀況中逐漸站起來，分階段地形成一個新的國家。

第九講

晚清小說與晚清思想

01 扭折西方經驗，安放進中國傳統架構中

晚清思想最大的課題顯而易見是：如何將龐然洶湧的西方事務擺放進中國人的意識中，又如何和原有的中國價值觀並存？

在集體思想變化上有一個弔詭現象，那就是真正新鮮、異質的東西，往往反而不容易被看見。中國和西方接觸，在很短時間內就遭遇了許多挫敗，證明了西方的優勢。依照常識推斷，那麼中國應該要趕緊引進、學習優勢的技術與觀念吧！

然而孔恩（Thomas S. Kuhn, 1922-1996）在劃時代的科學史傑作，一九六二年出版的《科學革命的結構》中，[8] 精彩呈現了就連在科學的領域，思想都不是以這種方式推動變化的。愈是新鮮、愈是帶來強大衝擊的事物，首先引發的反應是要找到方法，將異質的現象裝回原來的架構中，盡量降低衝擊的幅度，以維護原有的世界觀。

經歷了一段一方面擴充既有架構、一方面壓縮新觀念的過程，到最後兩者實在無法相容，累積了夠多失敗經驗後，才在維繫不住的舊思想廢墟之上，升起了新「典範」（paradigm）。

晚清思想有一個脈絡，正是要想辦法扭折新鮮的西方經驗與西方事物，安放進中國傳統的架構中，期望能讓中西、新舊相安無事。許多文人、思想家在這上面耗費了最大的精神能量。

02《海國圖志》是藥丸，《聖武記》是糖衣

一八四二年（道光二十二年）出現了一本題材新穎的書——魏源的《海國圖志》，明白地昭告，在中國人熟悉的「天下」之外，另有廣大的「海國」，即海外之國。魏源在書中表示，之所以需要了解「海國」，是為了「師夷之長技以制夷」。這是「天下觀」的一項重大讓步，承認海外的這些「夷國」有值得中國學習的「長技」。

進而魏源羅列出「夷之長技」，即海國之人最擅長的：第一是戰艦，第二是火器，第三是練兵。明顯是從鴉片戰爭中留下的清楚印象。

不過經常被忽略的是《海國圖志》有一部奇怪的姊妹作，叫做《聖武記》，寫的是清朝開國的歷史。這兩本書是如何連結起來的？原來魏源要將外國的「長技」放進一個他認為當時中國讀者比較能接受的脈絡中，所以特別寫了清朝的立國過程，顯現自身王朝是長於軍事武功的，以此

8　可參考〔美〕孔恩著，程樹德、傅大為、王道還譯，《科學革命的結構》（*The Structure of Scientific Revolutions*）（臺北：遠流，二〇一七年）。

對比出西方這三項重點長處格外值得學習，另外也顯示出清朝有條件可以吸收這樣的能力。

《海國圖志》的內容具有高度啟蒙意義，然而《海國圖志》與《聖武記》同時出版，其思想史的意義更不容忽視。這無疑示範了清朝後期在面對西方壓力時的基本思想態度，讓我們明瞭，學習西方可不是一顆能夠輕鬆吞得進去的藥丸，上面總是必須裹上一定的糖衣，找出為中國人保有自信、緩和自卑感的方法。

《海國圖志》出版二十年後，到了一八六一年（咸豐十一年），有馮桂芬的《校邠廬抗議》。馮桂芬曾經是李鴻章的幕客，在李鴻章身邊甚有影響力。他寫的這本書，書名上的「抗議」二字，不是我們今天語言中通用的意思，指的是一種高舉、高聲張揚的議論。名為「抗議」，是為了凸顯這份意見迫切需要獲得大家的注意與重視。

他所高舉的議論，有一部分明白反對魏源。馮桂芬批評魏源本質上是個「縱橫家」，當他主張「師夷之長技以制夷」時，抱持的是一種高度功利算計的態度，和戰國時的蘇秦、張儀他們是一樣的。

馮桂芬不採取這種功利算計觀點，要從更根本的價值上指出西方的優點。他總括成四句話：人無棄材，地無遺利，君民不隔，名實必符。

西方人實事求是，不像中國人有那麼多空話、虛名，很多事情在表面說過好像就沒事了，不能認真追究真實狀況。在西方即使一般人的意見，也可以和國君有效地溝通，沒有絕然的隔閡。西方積極發展經濟，充分利用生產所得，沒有遺漏浪費。最重要的，西方重視培育與運用人才，讓人得以發揮才能上的作用。

這當然比魏源所說的戰艦、火器、練兵，呈現出對於西方更全面的認識，以及更高度的推崇。那麼為了讓人們願意接受西方的優勢領先，馮桂芬也必須給予更甜的糖衣。

他選擇的糖衣放在如何趕上西方長處的方式上。要能夠人無棄材、地無餘利、君民不隔、名實必符，最好的辦法倒不是去模仿、抄襲西方人現在的制度，毋寧應該要「復古」。

我們是中國人，在中國古代老祖宗那裡，本來就達到過人無棄材、地無餘利、君民不隔、名實必符的境界。是後人不肖，遺忘了老祖宗的做法，隨便亂改，又失去了正確的態度，才導致今天落後於西方人。我們只要「復古」，就能趕上西方。

03《校邠廬抗議》的號復古、實改革

「復古」的動機是要趕上西方，「復古」的精神是批判、反對「今法」，這種態度在晚清思想中極為流行。不能不承認一敗再敗於西方，嚴重傷害了中國人的尊嚴。一部分的人為了維護尊嚴而堅持鄙視西方，為了能夠改革，又不能直接鼓吹學習西方，就轉而強調中國古代不只比古時

的西方強盛，甚至比現代的西方都還厲害。因而不需要學現代的西方，回頭恢復古代中國的辦法，用古代中國的辦法取代「今法」就可以了。

馮桂芬在《校邠廬抗議》中主張要「恢復宗法」，也就是恢復古禮中的大小宗組織，重建的宗族組織最重要的是要有族長，還要有「族約」。同時將宗族建立為一個社會安全保障單位，在宗族內設立養老室、育嬰堂、讀書室、養痾室（養病的地方），以及「嚴教室」（管束不良子弟的地方）。如此宗族就承擔起出生、教育、管訓、治病到養老的種種功能。

馮桂芬這套辦法的思想來源是和太平天國抗爭時，地方受衝擊而秩序瓦解後，如何試圖自保、重建的經驗。不過在這之上，他增添了一項號稱復古、實為改革的意見，那就是要由宗族來承擔舉薦人才的責任。

馮桂芬的著眼點，是如何創造出像西方那樣「君民不隔」的政治體制。顯然科舉是使得君民隔絕的最大惡因，從科舉出身的官員和社會大眾脫節，是清朝政治的根本問題。但馮桂芬不能明白主張廢科舉，所以繞了一大圈，從復古講到重建宗族，再講到由深入了解族內子弟品性能力的族長，來為朝廷舉薦人才。

他提出的另一項復古辦法，是依隨傳統對於《詩經．國風》來歷的說法，說這是周代天子派人到各地「采詩」而得以結集的。「采詩」的動機則是為了要了解各地不同的風俗習慣，還有精確地體察老百姓的生活感受。

也就是在官僚公文系統之外，要有另外一套傳遞輿情、輿論的管道，這是西方之所以能創造比中國有用的政治機制的關鍵。馮桂芬也是繞了一大圈，繞到封建時代的做法，再繞經「宗法」，要求宗族也成為具備向上傳遞人民意見的功能。

弔詭地，在強調「復古」時，馮桂芬刻意凸顯了「法後王」的觀念。他宣稱古代同時並存「法先王」與「法後王」兩種態度，而不是一味重視「法先王」，才創造了三代的盛世。「法後王」其實是從荀子到法家的態度，承認時代會改變，先王能提供的只是原則，不能都遵從先王的例子，需要依照後來的環境變化進行調整。

馮桂芬將中國與西方關係的架構又擴大了，也反映出二十年間面對西方，中國人的挫折感與危機感更形升高。

04 從薛福成到王韜的洋務和變法概念

到這時候，除了魏源、馮桂芬這種從知識角度關切西方勢力之外，還多了新的洋務經驗，出現了實際接觸過洋人、以和洋人打交道為職務的人。

一八七五年（光緒元年），薛福成提出了「治平六策」和「海防密議十條」。[9] 他認為要避免西方人持續從海上威脅中國，就必須將他們擋在海岸線以外。「海防密議十條」中涵蓋了建立海軍、自己造船或找管道買軍艦、模仿西方打造機器或購買機器、外交、商情（包括種茶賣茶）、開礦、培養人才等項目。

標題雖稱為「海防密議十條」，但內容明顯超越了單純的「海防」。茶葉、開礦都放進來討論，觸及的是必須發展經濟，善用自然或人為的經濟資源，提供為煉鐵、造船的基礎。這比較接近是「洋務密議十條」。

原本的防禦概念被擴大了，不僅牽涉到如何應對西方，還擴及如何重新建立自己的國家。真要做好海防，必須照顧到許多表面上和防禦無關的事務，不能只是看船艦、火器或練兵。

薛福成及其同代的一些人，具備了傳統士人不曾有的經驗，得以培養很不一樣的眼光。經歷更奇特的還有王韜，他在太平天國之亂時被懷疑為「長毛賊」獻策，為了避免被捕殺而逃到香港。在香港得遇特殊機緣，認識了英國傳教士理雅各（James Legge, 1815-1897），藉著他豐富的古典知識，加上在香港學的英文，王韜便參與協助理雅各在英華書院翻譯中國經典的工作。

理雅各的翻譯從《尚書》開始，但要完成《十三經》的翻譯計畫，比理雅各原先想像的困難多了，時間也拖得更長。一八六七年理雅各回到英國，就邀請王韜前往英國遊歷並繼續協助翻譯。王韜因而成為最早擁有實際到歐洲海外經驗的讀書人，後來回到香港，就將這樣的閱歷寫入文章中。

一八七四年，王韜買下英華書院的印刷設備，創辦了《循環日報》，開始在報上持續發表文章。有兩篇文章光是從標題就能看得出來，他比馮桂芬、薛福成再往前跨了一步，開啟了更大的架構。這兩篇有名的文章，一篇叫〈變法〉，另一篇是〈變法自強〉，這是最早將歷史上的「變法」名詞與概念，和洋務放在一起討論的嘗試。

其實薛福成的「海防密議十條」已經觸及變革制度，但他仍然將其主張放在「海防」的有限標題之下。相對地，王韜的提案沒有薛福成那麼具體、實在，許多部分尚未真正成型，但他明白地將所有想法放在一個「變法」的架構中，也就是以政治改革為前提來思考。

牽涉到西方、西學的許多內容時，本來很難進入中國傳統士人的話語論述中，尤其是像王韜這樣沒有功名、沒有官職的人，更是沒有發言權。然而到這時候，情勢改變了，光是擁有海外經驗，就足夠吸引其他人的注意力。現在他將西學的內容放在「變法」之中，給予西學一個在中國話語中安放的位置。

9 「治平六策」和「海防密議十條」出於〈應詔陳言疏〉，源於光緒皇帝初即位，兩宮太后諭令大小官員向朝廷建言，薛福成乃請山東巡撫丁寶楨代為上奏。其中「治平六策」為養賢才、肅吏治、恤民隱、籌海運、練軍實、裕財用，屬自治之方；「海防密議十條」為擇交宜審、儲才宜豫、制器宜精、造船宜講、商情宜恤、茶政宜理、開礦宜籌、水師宜練、鐵甲船宜購、條約諸書宜頒發州縣，屬自強之道。

05 歷史退化論：今日的西方是古代的中國

在身分上比王韜重要得多的有曾紀澤。他是曾國藩的兒子，毫無疑問繼承的是中國文人傳統，而他又是在太平天國亂後最早參與洋務的人，還曾經留洋。一八七八年，他在前往英國就任駐英法公使的船上，寫下了這麼一段話：

> 夫先聖昔賢之論述，六經典籍之所記載，足以窮盡宇宙萬物之理若道，而不必賅備古今萬世之器與名。……其食飲衣飾之異，政事言語風俗之不同，堯舜禹湯文武周孔之所不及見聞，當時存而不論，後世無所述焉，則不得不就吾之所已通者，擴而充之，以通吾之所未通。則考求各國語言文字，誠亦吾儒之所宜從事，不得以其異而諉之，不得以其難而畏之也。（〈文法舉隅序〉）

中國古代傳留下來的典籍，包納了所有的道理，卻不可能具體記錄所有的現象和事物。道理落實在什麼樣的「器」，構成什麼樣的「名」，不可能在經典中通通都有，當然會有很多先聖先賢看不到的。

在傳統天下觀概念下，中國經典中就包含了所有最美好、最值得學習的學問和知識，於是從根本上排除了中國讀書人向洋人學習的必要性，更遑論學習西方語言、讀西方書籍。曾紀澤便要提供一個能夠學外語的合理化說法。

從自己的經驗他清楚感受到，重點不在西方的武器技術，要學習西方不能採取工匠學習技術的態度，技術的背後是語言、思想、文化。他將這些說成是中國典籍來不及記錄的表面現象，不妨在已經了解普遍道理之後，再花點時間接觸、學習。

曾紀澤還留下了一段和妹婿陳松生的談話。陳松生觀察「西人之政教」，覺得其中有很多和中國《周禮》相合的地方，於是引出聯想與猜測。他說老子曾經是「周柱下史」，專門管典籍和禮儀記錄的，後來出關渡過沙漠西行，也許就是老子將周代的這些典籍和禮儀記錄帶到西方去的，所以才影響、建立了西方人的這套政治與文化。

曾紀澤的回應是：這個想法「甚新而可喜」，歐洲以前都是野蠻人，「其有文學政術，大抵皆從亞細亞洲逐漸西來，是以風俗之物，與吾華上古之世為近。」（《使西日記》）從政治到文化都是從亞洲學過去的，所以和中國古代的狀況很類似。如果學過中國古代歷史，就不會覺得西方有多稀奇。

接著展開了他的歷史退化論：

中國上古，殆亦有無數機器，財貨漸絀，則人多偷惰，而機括失傳。觀今日之泰西，可以知

上古之中華，觀今日之中華，可以知後世之泰西，必有廢巧務拙、廢精務樸之日。（《使西日記・卷二》）

今日的西方是古代的中國，今日的中國也就是未來的西方。於是可以倒過來推斷，古代的中國也像今天的西方一樣，有很多機器，是後來偷懶怠惰才失傳的，歷史必然是退化的。

從論理上看，這是荒唐的循環論證謬誤，但在當時的重點是提出了一個保有尊嚴的藉口，用來提倡向西方學習。西方值得學習的，不過就是中國古代曾有過的，因為歷史退化的必然作用，才導致我們現在需要從西方將這些資產找回來。同時也指向了一條學習西方的捷徑——只要認真好好地「復古」，在歷史退化論的看法中，也就保證可以追上今天的西方。

用這種架構，得以容納對於西方進一步的學習與理解。

06 反駁「中國先睡後醒」的非拒斥態度

曾紀澤在上海候船準備前往英國時，認識了一位叫張煥倫的人，給了他六點意見，其中一點對他產生了極大影響。當時即使是像曾紀澤這種擔負洋務責任的人，都必須到了上海，遇見不屬於原先士人傳統底下的人，才能得到如此的思想刺激。

張煥倫告訴曾紀澤：

論西國者，曰財貨之雄、炮械之利而已。豈知西國制勝之本，不在富強，其君民相親，上下一體，實有暗合於儒者之言，則其為政教，必有斐然可觀者。（《使西日記．卷一》）

西方的確展現了驚人的財富與武器，不過真正應該看到的，是西方的統治者與被統治者之間的政治關係，他們不像中國是兩者隔絕的，而能形成「上下一體」。在這件事上，豈不是和古代儒家所追求的相符合嗎？

此外，曾紀澤在一八八七年寫過一篇文章，標題是「中國先睡後醒論」，看起來怪怪的，因為文章不是用中文寫的，而是用英文先後在英國倫敦的《亞洲季刊》（*The Asiatic Quarterly Review*）和香港的《德臣西報》（*The China Mail*）發表的。

這篇寫給外國人看的文章，重點在於主張：中國不是一個極度貧弱將要滅亡，如同重病者般的國家，毋寧只是睡著了。是病還是睡，最明顯的判別在於西方勢力來到中國，刺激中國出現了「洋務運動」，也就是喚醒了中國人，而不是讓中國更加沉淪、更加癱瘓。

中國展開海防建設，開辦新的海軍陸軍，然後陸續有鐵路開工興建。這些都是中國醒來的跡象。而醒來之後，當前中國最迫切該做的有三件事：第一，改善在海外的中國人，也就是僑民所得到的待遇；第二，將和中國周遭各藩屬的關係重新調整；第三，改訂與西方國家的條約。

文章裡曾紀澤用了另一個比喻，說中國人醒來發現自家圍牆是破的、壞的，發現大門沒有鎖，當然應該趕快將門鎖上，將圍牆修好，如此盜賊才不會進來，才能將家戶門內收拾好。

這篇文章引來了何啟與胡禮垣聯名發表的〈曾論書後〉，提出了和曾紀澤不一樣的看法。何、胡兩人特別針對曾紀澤鎖門、修圍牆的比喻表示異議。他們認為關鍵在於要蓋房子，沒有牢靠的房子，鎖門、修圍牆有什麼用？而如果要蓋房子，就必須先打好基礎。

基礎是什麼？是無偏無私的政治，創造君民一體的狀況，去除掉隔閡君民的捐納、科舉、軍功等弊政。

曾紀澤從洋務出發，理解到西方值得學習的不僅限於原本「自強運動」的範圍。而此時又出現了更進一步的新思想，來自於像何啟、胡禮垣這些和洋人做過生意而認識更深的人，他們對於要抗拒、抵禦洋人有著完全不同的態度。與其花力氣防範外人進入，還不如先檢討、改造中國的內部沉痾。甚至倒過來，必須保持和洋人的接觸，而不是拒斥洋人，才能夠有效檢討、改造中國的毛病。

07《瀛海論》：將老祖宗的發明學回來

再到郭嵩燾，他是中國首任駐外公使，在一八七六年赴英。他看到英國艦隊，不只看到他們的船堅炮利，而是強調看到了「彬彬然見禮讓之行焉，足知彼土富強之基非苟然也。」（《使西紀程》）英國船上的士兵軍官互動、相見、操練都嚴守一定的禮節，表示西方是真的富強，他們的富強有文明的基礎。他還說：

近年英、法、俄、美、德諸大國角力稱雄，創為萬國公法，以信義相先，尤重邦交之誼。致情盡禮，質有其文，視春秋列國殆遠勝之。……其構兵中國，猶輾轉據理爭辯，持重而後發。（《使西紀程》）

西方這些大國建立了一套新的公法秩序，彼此之間信守，他們可不像之前文明落後的異族入侵，而是帶有高度文明的，就連要攻打中國，都有他們的一番道理。所以他進一步提醒，在這些洋人面前，中國人最好不要妄自尊大、高談闊論，那樣既沒禮貌、又暴露自己的無知。

郭嵩燾如此推崇西方，聽在其他中國官員耳中當然很不是滋味，也就惹來清議之士的交相彈劾。不過他的立場又將中國社會容納西方事物的空間打開得更大，認定有一套「萬國公理」或「萬國秩序」值得中國人尊重、學習。

另外一個在晚清思想上有開創作用的，是現在比較少人知道、更少人讀過的張自牧《瀛海論》（1876）。《瀛海論》為什麼在今天被遺忘了？一部分是因為書中論點在當時能製造開創效果的成分，在後來看起來卻如此荒唐。

《瀛海論》主張「西學」其實不是「西學」。分開來看，天文曆算本是中國傳統的「天衍之術」，幾何學是中國傳統的「借根方」，就連化學、物理、光學、電器乃至地球自轉的說法，都在中國的書籍裡早就出現過。

曾紀澤的妹夫陳松生猜想西方知識是由老子出關帶過去的，不過他至少表示對這樣的想法「苦無證據」；張自牧卻進一步從諸多中國典籍中找了很多「證據」，證明現在「西學」的內容都有「中學」的過去根底。

不只是這些學問都來自中國，甚至全世界的文字都是從中國傳過去的。他挖出古代傳說，主張一共有三位造字的人，中國後世熟知的倉頡顯然造的是由上而下寫的文字，其他兩人一位造了由左而右寫的文字，另一位造了由右而左的文字，如此還有什麼文字不是由中國祖先發明的？

古代「三皇」（燧人、伏羲、神農）時就發明了機器的原理，只不過後世的士人專注在一般日常人倫事務上，忽略了這部分，才形成今天在這方面落後於西方的情況。另外，西方和中國最大的不同在於以商立國，但這也沒有什麼稀奇的，不過是中國春秋時的遺風。

張自牧如此否定西學，歸源一切都來自中學，並不是告訴大家不需要學西學，而是反過來建議不需要害怕、防範西學。我們不過是將老祖宗發明的東西學回來而已，有什麼不可以的？

更進一步，他甚至反對將重點放在加強海防上。海防是為了將洋人擋在外面，然而一來洋人早就進來了，從沿岸到內陸，經過二十多年的發展，如何再擋？二來洋人不是一個整體，他們彼此的利益互相牽制，又都是以商為本的國家，不會要來搶奪人民和土地。所以不需要那樣「防」，需要的是自身「修明政治，整飭紀綱」。

08 兩部《危言》，增強學習西方合法性

從張自牧的《瀛海論》到湯震的《危言》（1890），成功地建立了一套悖論，他們提出各種輕視西方知識的理論，目的是為了解除對於吸收、學習西方事物的障礙與抵抗。既然這些是中國本來有的，從消極面看，為什麼不能學？換從積極面看，甚至怎麼可以不學，不將失傳的古老智慧盡快找回來？

輕視西學的態度，打開了吸收西學的更大空間。湯震在《危言》書中，先是引用張自牧的說

法，然後談「君民一體，上下一心」。他比張自牧又更進一步，明白提出了中國當前迫切需要的不是海防，而是建立議會。議會是「修明政治，整飭紀綱」以創造「君民一體，上下一心」最好的手段。

要改革中國政治，讓中國能趕上西方，明顯對比中浮現的就是西方有議會而中國沒有。湯震說「集國人之議以為議」（《危言．議院》），這是《禮記．王制》中說過的。現在要實現《禮記》，最好的方法就是繞路已有的西方議會之法，然後進行變通。

但他顯然不明瞭真正的西方議會之法是什麼，於是自我發揮想像力，提出了變通的方案。他建議將各衙門堂官到翰林院，四品以上的言官劃為「上議院」，由軍機處負責；另外四品以下的則組成「下議院」，由督察院掌理。上、下議院必須去蒐集、整理、代表各方意見。

這當然不是組織議會的好方法，不過卻是重要的開端，提供了在中國成立議會的正當性，也引發了對於議會的興趣與討論。再到鄭觀應的《盛世危言》（1894），就有了對於西方議會比較正確且詳盡的描述。當時的人終於明白，議會不是官制改革，而是不一樣的民意機構，也就提倡中國應該要建立這樣的機構來暢通民意。

像議會這樣一種新的政治機構，要進入中國何等波折！即使是鄭觀應在解釋西洋議會時，仍然必須引用《禮記》，宣稱議會符合其中的精神。他又主張，《大學》中談「格物」只有綱領，缺乏詳細解說的部分；《周禮》書中的〈冬官〉篇有篇目而無內容，這是極度可惜、影響深遠的缺漏。因為「格物」便是講物理的，而「冬官」管的是「器」，也就是技術。

中國古代的名物、象數之學沒有留下來，卻傳到西方去了。那是因為中國重視「務其本」，而西方是「逐其末」。我們把根本的、精微的留住了，投入心神去挖掘、發揚，相形之下就忽略了末端的、粗糙的物理與技術。

「我窮事物之理，彼研萬物之質」（《盛世危言．道器》），雙方文明是同源的，卻選擇了不同的重點。到後來「格物」、「冬官」及其他相關文獻在中國都流失了，後來的讀書人失去依據，只能「循空文而高談性理」。

所以中國失去了「實」的這一面，甚至不瞭解「虛中有實，實者道也；實中有虛，虛者器也」，而完整的情況應該是虛實並進、道器合一的。所以只有「道」的中國，當然應該向西方學習「器」，才能重返古代「道器合一」的理想。如此更增強了學習西方的合法性。

09 《天演論》的震撼，國家總體強度的自覺

然後再到康有為，將這套想法說得更清楚。他高懸「三代之理」，要追摹古老的黃金時代，那是中國的理想道理，卻不是當今中國的現實。保有當今的現實沒有意義，反而妨礙我們去理

解、去實現中國古代聖人提出的理想。非但不需珍惜當前的「實然」，更該去追求傳統智慧中的「應然」。

要追索應然理想，就必須全盤改革，不分中學、西學，一心單純地復古，回到堯舜三代的道理上。那時候講究君臣一體，所以當然應該有議會。就像在學問上他強調要跳過宋學、漢學，直追孔子；在政治上，他的氣魄說法是：跳過中學、西學，回歸三代之理。

放在堯舜三代之理中去考量，很多糾纏的問題就不再是問題。例如，要不要模仿西方的官制？西方官制是否適用於中國？對於西方要學習到什麼程度，又抗拒到什麼程度？這些根本不用考慮。對於中學、西學的分野是假議題，真正需要看的，只有是否符合堯舜三代之理。符合的，不用管是中還是西，都應該落實執行；不符合的，也不用管是中還是西，都應該革除淘汰。

所以他能夠在「戊戌變法」時自信地提出那麼多快速、激烈的改革方案。對他來說，現實不再是考量重點，他依恃、認定從經書中提煉出的理想體制精神，自信地推動變化。

「戊戌變法」只存在了一百天，保守力量捲土重來，壓制了變化，短時間似乎新鮮事物都被埋藏、凍結了。不過兩年後發生「庚子事變」，逃往西安好不容易又回到北京的慈禧太后也承認不變不行了。

「辛丑和約」等於是清廷向外國勢力全面投降，於是討論的重點不再是要不要引進西方事物與制度，轉而變成了該要如何引進，用什麼樣的速度與順序引進。到這時候，洋人與西學已經無所不在，根本不可能再抗拒排斥。

然而當思考、討論實際引進西學時，又發現了新的問題。這些討論過去主要在士人、讀書人間進行，但如果要有效推動西學改革，光是士人、讀書人參與變化，那是遠遠不夠的。

此時嚴復翻譯的《天演論》（1898）帶來了極大的震撼衝擊。《天演論》原書是英國生物學家赫胥黎（Thomas H. Huxley, 1825-1895）所寫的"*Evolution and Ethics*"，書中傳遞了「適者生存，不適者淘汰」的社會達爾文主義觀念，呈現出一個高度競爭的現代世界，強者必然消滅弱者，或者換另一個和中國更切近的角度看——弱者必然被強者消滅。

和西方相比，中國已經證明毫無疑問是弱者，在競爭中即將被消滅了。如果還在那裡討論願不願意、應不應該吸收或接受多少西學，豈不荒唐？

《天演論》還傳遞了另一個訊息，那就是一個民族的存亡絕對不是取決於道德高下，也不是取決於制度或少數人的文化成就，真正在競爭上區分勝負的，是國家民族的總體強度。於是重點甚至不在於「西學」，不是讀書人要不要學、要學多少，而是要如何強化四萬萬的人民。

10 要創造新的人民，先創造對的小說

在這批新時代的意識中，出現了梁啟超的《新民說》（1902-1906），產生了環繞著《新民說》的新思潮運動。梁啟超具備比傳統士人更有效的文字風格，不只能雄辯、能激發強烈情感，還能傳遞許多新鮮外來的觀念與知識。但同樣不容忽視的，是他在《新民說》中所採取的嶄新表達態度。

他不再以士人、讀書人為對象，而是高舉一個空前的目標——如何創造新的人民、創造新的社會。這不是架空的、從集體的角度抽象地說，而是要落實到每一個人身上，討論要有什麼樣的行為、什麼樣的素質、什麼樣的價值觀，才配成為「新民」。也就是說，他以所有要從「舊民」脫胎換骨為「新民」的人作為傳遞訊息的對象。

「戊戌變法」失敗之後，梁啟超開始思考這個問題，因而和老師康有為漸行漸遠。到日本後沒有多久，他寫了一篇重要的文章，背景是他翻譯了政治小說，在書中要交代源起與動機，所以文章標題是「譯印政治小說序」。

為什麼要「譯印政治小說」？因為只要稍微認得一些字的人，沒有不讀小說的。有人讀不懂經書，有人讀不進史書，但人人都能讀小說。小說是最好的教育工具：

故六經不能教，當以小說教之；正史不能入，當以小說入之；語錄不能喻，當以小說喻之；律例不能治，當以小說治之。天下通人少而愚人多，深於文學之人少而粗識之無之人多，六經雖美，不通其義，不識其字，則如明珠夜投，按劍而怒矣。

一般經史、法律書籍都太難了，甚至連「語錄」都有很高的閱讀門檻，如果不能掌握書中所使用的文字，經書的內容再好也沒有用。要讓更多人認識道理，淺白易讀的小說最有用。他認為當前中國人民迫切需要的是政治知識，用小說來談政治、教政治，可以啟發、教化最多人。

到了一九〇二年，針對這個議題，梁啟超進而在他創辦的《新小說》雜誌第一卷第一期中，寫了傳閱更廣、影響力更大的〈論小說與群治之關係〉。開頭破題就雄辯滔滔地說：

欲新一國之民，不可不先新一國之小說。故欲新道德，必新小說；欲新宗教，必新小說；欲新政治，必新小說；欲新風俗，必新小說；欲新學藝，必新小說；乃至欲新人心，欲新人格，必新小說。何以故？小說有不可思議之力支配人道故。

如果我們要創造一個新的國家，讓這個國家的人民改變，你非得要先改變這個國家的小說。這是多麼新鮮卻又強而有力的論點！在激烈的競爭局勢中，要創造新的人民，能夠得到「天演」

原則中足以存在下去的力量，小說是最好的手段和工具。因為沒有人不讀小說，因為小說沒有門檻，因為小說具備強大潛移默化的感染力，所以一個社會上通行什麼樣的小說，就會產生什麼樣的人民。反過來，要創造什麼樣的人民，就要先想辦法創造對的小說內容。

在此之前，文人、士人憂心忡忡地關切如何引進西學，如何和西方事物發生關係；到了這時候，晚清的最後十年，注意力的重點移轉到如何運用小說傳遞新知識、新思想，爆發了驚人的「小說潮」。

11 反映現實、帶有譴責態度的晚清小說

晚清最後十幾年的時間中，小說大流行。晚清小說不是單純的文學潮流現象，而是因應特殊思想背景產生的，立基於深信小說是最具影響效力的工具。因而晚清小說不可能是一門藝術，不是為了追求某種美學突破成就而創作的。晚清小說創作的心態是急切的、功利的，小說本身不是目的，而是用來改造社會意識的，以至於相當程度上幾乎必然是粗糙的。

再者，晚清小說不是為了提供消遣而寫的，寫小說、印行小說背後有使命感，是為了培養新

國民。

晚清小說的蓬勃又和當時都市的進一步發展有關。聚集了這麼多人在都市裡，才讓小說得以大量印行流傳，也才能創造出集體形式。尤其都市人口的文盲率不斷下降，很多人雖然無法閱讀古文寫的經史書籍，但識字能力足可以閱讀比較淺顯、甚至以白話書寫的小說。

而且識字的理由改變了。一九〇五年科舉廢除，人們不再為了考試而識字讀書。讀書是為了讓自己在複雜的都市環境中能夠多一些本事，多一份存活的條件。這種人不會想要讀原本流傳在士人之間的那些經書史書，他們想要找到更切身、更接近自己時代與生活的內容。

還有另外一項不容忽略的因素——人們對於宣傳愈來愈重視，社會上出現了各種訊息傳播媒體，報紙和雜誌大量創刊。改革派和革命派都熱中於辦報紙，梁啟超更是其中的辦報高手。報紙需要內容，而小說是吸引讀者的極佳內容，連載小說還可能產生維持買報、訂報習慣的作用。

這些因素交互作用，刺激了小說大幅成長、大量生產，在短短十幾年間，出現了兩、三千萬字的各種小說。不只量大，而且種類多元。文學評論家阿英（錢杏邨）在《晚清小說史》中做了初步的整理，將晚清小說分成十二類：第一是反映晚清社會的，第二是反映庚子事變的，第三是反映華工生活的，第四是反映工商業戰爭的，第五是反映立憲運動的，第六是反映革命運動的，第七是反映婦女解放的，第八是反映迷信的，第九是反映官僚生活的，第十是反映排滿意識的。第十一是特別在上海流行、用吳語方言寫成的。最後一類則是翻譯小說。

阿英的分類當然有商榷餘地，不過他的分類方式清楚表現出幾個重點。首先，晚清小說都是廣義的「社會小說」，和過去的傳奇、英雄、神怪性質脫離開來。再者，小說帶有高度的啟蒙工具作用。想要說道理，一般人聽不進去、不容易懂，所以才要由小說來「反映」。

因而在阿英的眼中，分類最主要的標準是看小說「反映」了什麼樣的現實事件或狀態。而晚清小說「反映」的方式不是冷靜客觀的，而是帶有強烈批判、甚至譴責態度的，所以魯迅將這些小說另外定性為「譴責小說」。

「譴責小說」挖掘、記錄社會上各式各樣的黑暗、荒唐現象，讓人痛感改革之必要。不過這種「黑幕小說」、「譴責小說」累積多了同樣性質的內容，一方面很容易重複拖沓，減弱了刺激的效果；另一方面甚至變成以黑暗、荒唐現象來提供獵奇、敗德的娛樂享受。

「譴責小說」要能發揮刺激改革的作用，有一道微妙的界線。剛被提醒社會上有這些黑暗、荒唐，讀者很容易被激發起義憤填膺之感，然而如果同樣的揭發愈堆愈多，超過了那條界線，不只刺激的程度必然遞減，反而還會讓人生出絕望之感，不再相信有辦法可以去除如此龐大、普遍的黑暗。有些人會因此不願再面對被掀揭開來的黑暗，另外一些人則是形成了習慣，以小說中提供的「怪現狀」作為生活的調劑與談資。

12 各種現代想像、未來想像的集中現象

要發揮刺激改革的功能，晚清小說在描述現實時，還需要帶有奇特的未來性，等於是從一種未來變革後的狀態往回看，才看出今天當下的黑暗、落後。

推動晚清小說浪潮的，背後有這樣一種高度非現實的集體衝動，突然之間許多人都不想停留在現實，對於現實感到不耐煩，希望能快快過渡到未來。所以梁啟超提倡「新小說」時，他自己示範創作的就是《新中國未來記》。又如《老殘遊記》在鮮活地寫出「清官殺人」的現實慘況之後，一定要插寫一段申子平進入山中，聽到黃龍子說出「北拳（義和拳）南革（革命黨）」、「甲寅之後文明大著」未來預言的情節。

絕大部分的晚清小說，不論寫得好或不好，都在文本底層潛藏著各種未來想像。文學評論家王德威重新閱讀、整理晚清小說，寫出了超越前人的突破見解，他選用的英文書名叫做"*Repressed Modernities*"，中文翻譯為《被壓抑的現代性》。[10]然而中文翻譯不出英文裡刻意的微

10 可參考王德威著，宋偉杰譯，《被壓抑的現代性：晚清小說新論》（*Fin-de-Siècle Splendor: Repressed Modernities of Late Qing Fiction, 1849-1911*）（臺北：麥田，二〇〇三年）。

妙用法，modernity 這個字被王德威改成了複數型 modernities。

王德威要強調的，是晚清小說的各種「現代想像」、「未來想像」濃密集中現象。一個社會焦慮地要擺脫傳統，然而傳統消失後會是什麼模樣？於是天馬行空的投射圖像，各種想像與試驗，呈現在晚清小說中。

如此五花八門、百鳥齊鳴的現代性想像，到了革命成功、建立民國之後，尤其是「五四新文學運動」之後，只有其中以啟蒙和救國為依歸的路線被認可、被繼承，其餘的則被這兩條新主流驅逐到邊緣，遭到了壓抑與遺忘。

從民國、「五四」典律化之後的文學史和思想史觀點來看晚清小說，只剩下像《老殘遊記》、《孽海花》、《官場現形記》、《二十年目睹之怪現狀》等幾本小說會被提到，[11] 但這些作品其實只是曾經存在過的龐大現代想像試驗場中的一小角。

晚清是中國歷史上少見的想像力發散時代，在晚清小說中包藏了許多光怪陸離的內容，遠比「四大譴責小說」所涵蓋的又廣、又多元。中國傳統並不鼓勵想像力，但在晚清的特殊環境下，刺激開放了想像力的練習。因為是練習、是爆發式的，又是還來不及精練就遭到收束壓抑，所以產生的內容絕大部分還很粗糙。

晚清小說雖然是以小說形式來表現，但受到當時環境決定的成分，遠比文學史上的傳承要大得多。所以放在這段時期的思想發展脈絡中了解，要比拿來和《聊齋誌異》、《儒林外史》、《紅樓夢》做溯源分析，要有意義得多。

11 魯迅在《中國小說史略》中，將劉鶚的《老殘遊記》、曾樸的《孽海花》、李寶嘉的《官場現形記》和吳趼人的《二十年目睹之怪現狀》稱為晚清四大譴責小說。

第十講

壓垮駱駝的最後一根稻草

01 北洋軍：從水師艦隊到新建陸軍

有些歷史名詞通過時間留下來，其實含帶著不同的意思，卻常常被不精確地混用。

例如在民國史上極為重要的「北洋軍閥」這個名詞。從一九一二年民國肇建，到一九二八年國民革命軍統一中國，一般將這段時期據有北方政府權力的勢力統稱為「北洋軍閥」，甚至這段時期的北方政府也叫做「北洋政府」。

讓我們稍微費點力氣回溯，北洋軍閥、北洋政府來自清末的「北洋軍」，而北洋軍大致以一八九五年為界，分成兩個不同階段。一八九五年之前主要是「北洋水師」，建立這支軍隊是洋務運動的重點，主其事者是李鴻章。當時的海軍計畫分成南、北兩部分，另有以福建為基地的「南洋水師」，卻在尚未真正成氣候之前，就毀於一八八四年的中法戰爭中。

北洋水師轟轟烈烈建造起來，卻又很快地在對日本的戰爭中全軍覆沒。北洋海軍的失敗，重要的關鍵在於大量軍費被挪用去替慈禧太后蓋頤和園。頤和園動用了海軍軍費，最明確的證據就是挖出的大水塘被命名為「昆明湖」，用的是漢武帝時的典故——武帝要對南方用兵前，命令在長安城西南開鑿「昆明池」，讓水軍演練操兵。所以慈禧太后和她身邊的人掩耳盜鈴，不顧現代海軍船艦完全不同的噸位規模，表示經費是花在建造可供海軍操練的「昆明湖」上。

一八九五年之後，再講「北洋軍」，顯然不可能是海軍，而是陸軍，也稱「新軍」。一八九五年之前的北洋軍，是李鴻章的北洋海軍；一八九五年之後，則成為袁世凱的北洋陸軍。

由海到陸，理由很簡單，簽訂了要大筆賠款的「馬關條約」後，清廷的財務狀況絕對不容許再造一支海軍艦隊。但面對日本崛起帶來的刺激與威脅，又非得徹底將中國的軍隊現代化不可。最早練「新軍」的是兩江總督張之洞，在江寧成立了「自強軍」。新軍之「新」有兩方面，一者是訓練的方式，二者是組織的方式。自強軍在訓練、組織上是新的，不過在屬性上延續湘軍、淮軍的傳統，是地方性的，後來才有中央政府所成立的另一股「新軍」。

清廷的新軍主要是交由袁世凱在天津「小站」練兵。這支軍隊歸直隸總督兼北洋大臣管轄，於是就襲用了「北洋軍」的名稱。

02 青年人進軍隊 求取前途的高度動機

「自強軍」和「北洋軍」都採用日本式的組織編制，以及德國式的訓練方式。德國在一八七〇年打敗法國，建立了新的統一國家，讓日本人大感佩服，將德國視為後進國家迎頭趕上的範例，一時之間一切向德國看齊，這種態度經過日本也感染了此時的中國。

自強軍依賴地方資源，加上沒有太平天國之類的威脅，不容易擴張。相對地北方在失去海軍之後，迫切需要對於京畿地區的陸上防衛力量。自強軍在劉坤一接手後逐漸萎縮，後來被調編入袁世凱的北洋軍，也讓「新軍」和「北洋軍」兩個詞的指涉對象合而為一了。

經歷「庚子事變」之後，清廷不得不進行改革，一九〇一年先是廢除了「武科舉」。原來的八旗已經形成特權階級，雖然廢不掉，卻明白地不再承擔任何軍事責任，於是軍事上的重心都放到「新軍」上。

朝廷擬定了一套計畫，要將小站鎮訓練新軍的方式推廣到各地，十八個省依照重要程度區分，陸續成立「練兵處」、「督練處」，設定目標到一九〇五年要訓練出三十六鎮的新軍。「鎮」大約等於後來現代軍事編制中的「師」，三十六鎮加起來大約有四十萬人左右。不過現實上練兵的速度沒有那麼快，到辛亥革命爆發前，只練了十幾個鎮。

用的是日本的組織、德國的訓練，不過都要到日本取經，因為德國的訓練方式也是從日本轉手學來的。一八九五年之後，中國掀起留學日本的熱潮，其中一部分留學生是到日本習武的，進的是士官學校或陸軍學校。

一九〇五年朝廷宣布廢科舉，造成了連環反應，許多讀書人大感驚慌，沒有了科舉，必須趕緊尋找新的出路。當時流行的說法是「廢科舉改學校」，形成了將學校和科舉平行並列的觀念，小學畢業等於秀才，中學畢業等於舉人……。在轉換中就發現，當時的最高學歷，相當於科舉中進士地位的，顯然是留學生。

如此進一步刺激升高了留學潮。而另外一邊，中國官場持續敗壞，捐官充斥，就算取得等同於進士的地位，還要和這些大小捐官競爭位子，令人灰心；不過同時在軍事領域卻有了進步的、不受傳統拘執的「新軍」，提供了新一代很不一樣的出路。

於是在社會上出現了更徹底的變化——從宋代實施「重文輕武」政策開始就形成的「好男不當兵，好鐵不打釘」價值觀鬆動了。這樣的價值觀使得宋代積弱不振，也使得明朝的軍隊敵不過滿洲的八旗部隊。然而經歷八旗萎靡、團練興起，到組建新軍的連環發展，人們對於到軍隊中求取前途有了愈來愈高的動機，吸引了出身家世較好、有想法又有理念的青年。

03 「排滿主義」在新軍燎原

十九世紀最後幾年，延續到二十世紀初，中國出現了新的軍人。他們大多是新的中上層幹部，也都讀過書。有人是先讀書，甚至擁有留學資歷才進入新軍；有人則是在新軍的環境中開始讀書，靠著讀書升到中上幹部地位。

十幾歲到二十歲的讀書人，沒有了科舉，失去了原來的目標，在這個節骨眼上找到投入新軍發展的出路。大批青年選擇到日本當軍事學校學生，大批青年進入新軍，從量變到質變，改造了新軍的性質。

新軍內部知識風氣興盛，而到過日本留學的青年，又很容易在那裡接觸到革命的思想和主張。長期以來，日本對清廷懷有高度敵意，除了覬覦中國的種種利權之外，還認定清廷的腐敗是使得西方列強勢力得以在亞洲予取予求的主因，連帶拖累了日本。日本想要抗衡西方，但自身國家太小，必須尋求以亞洲的聯合力量來進行，但無能的清廷使得這樣的大策略沒有機會實現。

因此日本人一直支持漢人推翻滿洲政權，期待換來一個新的政府，可以和日本積極合作，執行日本人想像的亞洲聯合策略。這段時間，日本是真正「排滿主義」的中心。許多到日本念軍事學校的都是漢人，他們受到「排滿主義」思想洗禮後回到中國，帶著這樣的態度進入新軍，在新軍中傳播他們所了解的新知與新價值觀。

如此形成了奇怪又帶著幾分反諷的現象。滿清政府為了在艱困情勢下自保，不得不改革軍事，用新的方式建立新軍；然而暗潮洶湧下培植「反滿」的觀念與情緒，最終讓清廷無法應付的，卻正是這支新軍！

一九〇五年在日本東京成立了「同盟會」，靠的就是種族主義立場和「反滿」的主張，將各個團體連結起來組成「同盟」。重點在「驅除韃虜，恢復中華」。口號後面在孫中山的堅持下還有一句「平均地權」，但除了孫中山自己之外，恐怕沒有什麼人理解「平均地權」，更不會在意

「平均地權」。

孫中山有其社會主義的理想，有著其他同志不會有的遠見與視野。對大部分同盟會裡的人來說，「平均地權」是沒有意義的，甚至「平均地權」是違背他們利益的。這時候革命陣營中的一部分人，不再是來自底層的會黨或僑民，而是地主家的子弟，本來是要考試做官的，在時代的巨變震盪中才轉而參加革命行列。其實如果將「平均地權」講清楚了，他們絕對不可能支持。

同盟會的中心意識是「排滿」，而能在中國內部產生作用，則是靠新軍。新軍是有組織的團體，成員朝夕相處，可以讓思想感染、傳播得更快。而且在有組織的團體中，還能得到一種團結下的安全感，在這裡大家一起討論犯禁忌要殺頭的話題，相對比較沒那麼可怕。

「排滿」思想很快在新軍中燎原，新軍裡的部分成員形成了新的祕密團體，等於是清廷給自己在各地埋下了許多未爆彈，而且其火力還不斷在增強之中。

04 將幣制借款和鐵路借款綁在一起

引爆炸彈的主要是四川的局勢。「辛丑和約」簽訂後，清廷基本上只能靠借外債度日。之所以能借得到外債，靠的是將許多外國人認定的利權當作抵押。其中最有抵押價值的，是興建鐵路和採礦的權利，而這兩者又往往聯繫在一起，必須有相應配合的鐵路，才能運輸開採的礦產。

鐵路的利益比關稅、鹽稅更誘人，正因為關稅、鹽稅可以依照現狀計算得出來，鐵路卻存在著近乎無限的獲利可能性。鐵路成為焦點，關注鐵路的人必然要接近外國人；和外國人關係愈密切的人，同樣也就必然注意到鐵路的重要性。

在辛亥革命之前，有三條主要的鐵路計畫——京漢鐵路、粵漢鐵路和川漢鐵路。光是從名字就立即凸顯出武漢三鎮的重要性，這三條鐵路在此交會。武昌是湖北巡撫及湖廣總督衙門所在之地，當時的湖廣總督張之洞對於鐵路計畫便用力甚深。

張之洞很早就了解鐵路的重要性，也了解外國人對於鐵路的看法。他知道必須開發鐵路，藉由鐵路吸引外國人投資合作。不過興建鐵路除了需要龐大的經費，還必須努力排除中國人傳統觀念上的強力反對。

一九一一年之前，關於鐵路的規劃很積極。到辛亥革命爆發時，全中國的鐵路總長度有九千多公里，而在計畫中，光是一條川漢鐵路就有一千五百公里長。不過到革命爆發時，一千五百公里的川漢鐵路才蓋了區區的三十公里。

不管現實上能不能蓋，還是必須積極規劃新的鐵路，因為清廷知道這是向外國借錢最好的方法。一九〇九年，當時清廷由攝政王載灃主導，配合地方上的張之洞，合謀向四國銀行團借款。借款對象原本是德國、法國、英國，但消息傳出後引來美國不滿，所以又多加了美國在內。

清廷此時確實需要一大筆錢，用來整頓愈來愈難維持的銀元。中國的經濟狀況因為巨額賠款的關係，被捲入國際貨幣架構之中，再加上複雜的借款付款，愈捲愈深。四萬萬五千萬兩賠款是用白銀計算的，而國際間則是通行金本位貨幣，於是又產生黃金與白銀交易的價差變動問題。這是原先簽訂賠款、借款合約時沒有考慮進去的。

這時候累積了足夠的現代貨幣知識，清廷明白必須整頓貨幣，以便和國際更有效地接軌，同時降低兌換上帶來的不確定性與損失。不過發行新貨幣需要有充足準備，所以構想了「整頓幣制大借款」。

中國要借錢，為什麼美國如此迫切一定要參與當債權人？因為「大借款」有張之洞協助籌劃的鐵路作為抵押。川漢、粵漢鐵路都要通過武漢，所以由督辦鐵路大臣計畫將興建鐵路借款和幣制借款綁在一起，提供讓外國銀行心動的利益誘因。

05 抽租的川漢鐵路與「鐵路國有」反彈

但張之洞從湖南、湖北省境的立場借來興建鐵路的錢，其規模、意義當然和中央朝廷的大舉外債很不一樣。最重要的是川漢、粵漢鐵路全線還經過四川、廣東兩省，現在外國人當然會要求中央朝廷必須確保出面整合，排除興建上的種種障礙。

於是到了一九一一年五月，在接手的郵傳部大臣盛宣懷建議下，朝廷下詔要將鐵路幹線都收歸國有。粵漢鐵路問題不大，但川漢鐵路可就麻煩了。川漢鐵路剛開始籌備時，就採取了和其他鐵路不一樣的方式。別條鐵路是「官商合營」，由官方主辦，找民股加入，而為什麼遲遲無法動工，一部分也是因為民股招募不易，願意加入者少。

張之洞為什麼要借外債？因為民間資金一直等不到。川漢鐵路是以宜昌為界，分頭籌款，東邊歸湖北負責，西邊由四川集資。而從宜昌以西到四川省界這一段，則由四川興建再賣給湖北。於是四川成立了「川漢鐵路公司」來募資，分成四種資本來源。第一種是「認購」，有錢人可以自願來購買公司股份。第二種是「官股」，官方將錢直接用來投資鐵路。第三種叫「公利」，這就比較複雜。那是由官方拿出一筆錢先去投資做生意，獲得的利益再投入買公司股份。

最複雜的是第四種，叫做「抽租」。那是找四川境內的地主中每年所收地租在十石以上的，依照所收地租拿出百分之三，強制投資鐵路公司。這是實質上以抽稅來建鐵路，但形式上以部分公司所有權為交換。

因為有四種不同管道，尤其是第四種籌資方式，使得川漢鐵路收到的資本比粵漢鐵路還多，儘管公家在粵漢鐵路上投入了更多資金。怎麼能有這麼優越的籌資成績？因為其中百分之七十六來自「抽租」。

如此一來，實際上等於四川的中上等地主都成為「川漢鐵路公司」的股東。川漢鐵路給了他們夢想，有一天鐵路開通後，他們可以從中賺到錢。正因為是夢想中賺到的錢，感覺上利益愈大、愈誘人。

這些人想像中擁有這條鐵路，所以一聽到鐵路國有的訊息大為反彈。平心而論，清廷的國有政策有其需要，繼續讓地方各自為政進行鐵路建設，最終很可能哪一條都蓋不起來，的確應該由中央統籌管理。下達國有命令的詔書中就提到廣東和四川的問題，廣東是「收股及半，造路無多」（《清實錄宣統政紀・卷五十二》），四川則是「倒帳甚鉅，參追無著」。

仔細檢驗史料，「川漢鐵路公司」確實是有不少爛帳，以「抽租」方式收進來的錢卻遲遲沒有拿去蓋鐵路，當然吸引許多人上下其手。可是朝廷宣布停止「川漢鐵路公司」，許多四川人反而覺得以自己的方式一定能夠將鐵路蓋起來。

06 四川保路風潮帶動的社會情緒

因為涉及大批地主，成都很快成立了「四川保路同志會」，參與者甚眾，四川各地跟著響應，聲勢浩大。他們的目標是要讓朝廷收回鐵路國有的成命。剛開始是「文明爭路」，不斷向朝廷上奏陳情，然而情緒愈來愈激昂，「爭路」的手段也就愈來愈激烈。

升高情緒的其中一項因素，是批判朝廷不是真的要將鐵路收歸「國有」，而是要拿去賣給外國人。這種說法也不能算是完全無的放矢，因為朝廷確實要以鐵路路權為抵押進行大借款，將來鐵路產生的利益必須先連本帶利交給外國人。

本來是反對未來可能從鐵路中得到的利益被取走，進而升高調子為反對喪權辱國，竟然將中國的鐵路路權送給外國人。喪權辱國的是誰呢？是北京的滿清朝廷。於是「保路」運動就多了敏感的民族因素，和各地不斷醞釀、愈來愈強大的革命排滿呼聲聯繫在一起。

「保路同志會」發動了罷市罷課、抗繳糧稅，和朝廷的衝突愈演愈烈，到一九一一年九月，朝廷調動軍隊逮捕鎮壓，發生了「成都血案」。四川也有新軍，這一連串變亂使得四川新軍內部高度不安，四川總督趙爾豐只好下令成都封城，禁止出入。於是有人想到大量發「水電報」，就是在木板寫上「各地同志速起自救自保」等訊息，丟進錦江中，避開禁令流出成都城外。

成都城內尚未「自救自保」之前，駐紮在榮縣的新軍先起義了，占領了縣城，宣告獨立，也就是不再接受清朝號令管轄。辛亥年第一個宣告獨立的其實不是武昌，而是榮縣。

「保路風潮」在四川沸騰，然而要保的路是「川漢鐵路」，必定連帶影響湖北。從湖廣這邊看，他們沒有「抽租」做法，是以借外債的方式支應鐵路經費，不存在同樣的「保路」問題，但社會情緒的感染不是地方政府能控制、能收拾的。

中國社會本來就存在著「公／私」價值分判，不贊成、不鼓勵大張旗鼓地追求私利。然而到此時，四川的訴求升高到保護中國利權及「反滿」，取得了「公」的地位，就有著從四川燎原到湖廣的條件。

感染到武漢三鎮，情況又大不相同。漢口是當時長江大輪的終點，許多外國船隻藉由內河航行權一直通到漢口。漢口是傳統的「九省水陸通衢」，是長江流域的人貨集散中心，也是外國貨品進一步傳銷內陸，中國原料如桐油、亞麻外銷的集散市場。一九一一年時，漢口的貿易規模在中國僅次於上海，是一座繁榮並快速變化中的商業城市。

清朝自洋務運動之後追求「船堅炮利」，開始設置洋式的兵工廠。其中最成功、規模最大的是張之洞創設的「漢陽兵工廠」（最早稱為「湖北槍炮廠」）。漢陽兵工廠具備先進的煉鐵、煉鋼技術，也是現代軍火兵器的製造中心。

到處都有社會騷動不安的現象，各地新軍也都浮動著排滿的暗潮，然而因為靠近四川、商業貿易和兵工廠這三項條件，使得武漢三鎮的情況格外嚴重，對清廷來說格外致命。

07 武昌起義和湖北軍政府的帶頭效應

在武昌的新軍第八鎮一直有活躍的排滿思想乃至排滿組織在部隊中祕密蔓延發展。排滿組織有兩個系統，一個是「共進會」，另一個是「文學社」。

會有「文學社」這樣的祕密組織名稱，反映出讀書人進到新軍的潮流及其影響。「共進會」和「文學社」各自行動，有時還有摩擦，要到一九一一年八月，經由中部同盟會譚人鳳的居中協調，雙方正式和解，決定共同行動。基於共同的革命立場，成立了一個新的統合指揮組織，彼此稱為「武昌革命黨人」。兩個原本獨立的團體結合在一起，就產生了應該共同幹大事的雄心，於是按照相傳元末「殺韃子」的典故，選擇在農曆八月十五中秋節舉事。

中秋節是陽曆的十月六日，但消息走漏，為了防範騷動譁變，整個第八鎮新軍，甚至擴展到武昌府城，都在這天戒嚴，不得舉行任何活動。由於準備未足，舉事時間推遲到十月十六日。但在十月九日，革命黨人在漢口俄租界據點製造炸彈時不慎引爆，引來巡查，新軍中革命黨人名冊被搜走，使得三十多人被捕，其中三位黨人被抓到湖廣總督瑞澂面前審訊後被砍頭。

這樣的變化當然在新軍中引發了混亂、恐慌與憤怒，因而決定在尚未有嚴格組織計畫的情況下鋌而走險。十月十日傍晚先由輜重營開始，兵器營隨後跟上，革命黨人集體發難。

武昌起事後，起義官兵攻下了楚望臺的軍械庫，氣勢為之一振。接著攻占總督衙門和新軍第八鎮司令部，瑞澂和第八鎮統制張彪敗逃，接著又發動進攻漢陽兵工廠，武漢三鎮逐一被革命黨人控制。但參與舉事的主要是中下階層官兵，沒有足夠的地位與經驗來帶領更大的集體行動，於是他們去找了新軍第八鎮中的二號人物黎元洪出面當領導。

此時同盟會幹部居正在武漢，他就將一份孫中山擬的革命步驟文件交給黎元洪，讓黎元洪可以照著做。那上面有新建軍政府的條例，甚至連軍政府通電的電文都寫好了。這就是為什麼第一時間就能發出「軍政府鄂軍都督府通電」，讓人感覺湖北一夜之間立刻有了新的湖北都督，還建立了一個新的政府。

武昌獨立的同時，湖北也獨立了，還有一個新的軍政府，雖然其實都是空殼子，但聽起來可真是聲勢浩大。進而將行動的目標與意義一下子推到原本參與者自己都沒有想到的高度，迅速蔓延出去，對其他各省產生了刺激作用。

08 失望的皇族內閣，虛弱的新軍掌控

一九〇八年，光緒皇帝和慈禧太后先後去世。慈禧太后死前仍然強勢安排由三歲的溥儀即位，顯示她認定自己會繼續握有皇權，所以遵循同樣的邏輯，堅持選一個未成年、而且愈小愈好的皇族子弟坐在皇位上。她始終如一的權力欲望與思考模式給清朝帶來了終極的災難——在最動盪的情況下，皇位上坐的是一個沒有任何決策能力的小孩，而在這個小孩正式即位前，真正握有皇權、行使皇權的人就去世了。

明確形成的是皇權的空洞。朝廷中最有權力的人是攝政王載灃，他是溥儀的親生父親。在變局中，包括袁世凱等大臣都曾經提出由載灃擔任皇帝的建議，然而慈禧太后之所以會選中載灃，正就是因為他小心謹慎，看起來沒有什麼權力欲望。這樣的人不願意當皇帝，維持了原本的攝政安排。而取代慈禧太后成為太后的隆裕，也是慈禧選給光緒的皇后，又怎麼可能有強悍個性，有權力經驗或欲望呢？

於是情況比慈禧太后活著時還糟。當時皇位與皇權分離，此時皇位屬於宣統皇帝，但皇權呢？沒有人真的能控制、行使皇權。沒有實質皇權，反而有利於進行政制改革，所以一九一一年五月終於成立了內閣。但這個內閣由沒有擔當魄力的載灃主導組成，他不能大開大闔，也無能察

知社會上對於立憲的討論與期待已經高漲到什麼程度，只是保守地組了一個「皇族內閣」，大部分內閣成員都是他自己身邊的滿洲皇族成員。如此一來，非但沒有收到改革的效果，還刺激出社會對清廷更強烈的失望與抨擊。

載灃掌權後第一件重要的人事安排，就是將袁世凱排除在核心之外。袁世凱曾經勸他自行即位，給他留下這個人極有野心的印象；加上之前慈禧太后重用袁世凱，他身邊必然聚攏了許多在官場想更上一層樓的人，也讓載灃感到芒刺在背。於是載灃以一道命令，說看袁世凱走路不穩，顛顛躓躓的，就叫他回家養病。

沒有袁世凱在朝中，直接的影響是削弱了對於新軍的掌控。袁世凱在政治上被邊緣化時，新軍的情勢變得更加複雜。名義上是清朝的軍隊，實質上分成兩大塊，一塊是中上層幹部，他們主要效忠於袁世凱；另一塊是中下層官兵，他們是準備以武力驅趕滿洲人的。也就是幾乎沒有真正屬於清廷可以指揮操控的部分。

這就是為什麼武昌起義之後，清廷沒有人能夠出來收拾局面。從一個角度看，這是新軍內鬨，「排滿」的一部分官兵衝出來起義；而從軍事上看，全中國只剩新軍的另一部分能夠和他們對抗。

於是清廷只能找袁世凱來處理。袁世凱背後另有外國人的支持，他們要保護自身在中國的各種利權，不願意亂事擴大，看得很清楚只有袁世凱能將局面穩定下來。

09 袁世凱的盤算：維持清廷和革命黨均勢

清廷任命袁世凱為湖廣總督，袁世凱立即上奏回覆，表示自己身體很糟，腳壞了走路不便，還有其他問題。意思很明白，你不是叫我養病嗎，那我就繼續養病，湖廣總督的位子我現在怎麼可能看在眼裡？

清廷和袁世凱來來回回討價還價，在這過程中，革命的效應持續爆散開來。如果袁世凱早點接受任命，早點發動他手上的北洋軍力量，局面或許還能收拾。時間一拖，各省紛紛獨立，清廷解決不了、更懲罰不了任何一股獨立的勢力，大家的膽子也就愈來愈大。

愈多省獨立，袁世凱的籌碼就愈多，清廷不得不節節退讓。到後來袁世凱明白提出了六大條件：第一，明年召開國會；第二，組織責任內閣；第三，寬容參與起義的革命黨人；第四，解除黨禁；第五，將指揮全國水陸軍隊及決定其編制的權利交給袁世凱；第六，提供充足軍餉。

後面兩條是要掌握軍事權與財政權，第二條是要讓自己組閣以取得政治權力最高位子，其他幾條則是和革命勢力折衝談判用的。顯然，袁世凱對於政治布局想得很透徹明白。

這根底是清朝長期皇位與皇權分離所帶來的惡果。袁世凱及其背後的外國勢力已經習慣了，不理會、不在意皇位如何，將重點放在誰能夠真正掌握皇權上。清朝讓步了，袁世凱的北洋軍開始發動，從江西、安徽調部隊去打漢口，一度將漢口奪回，又進逼漢陽。看起來武昌起義建立的勢力岌岌可危。

攻打漢口、漢陽的將領是馮國璋，在圍攻武昌時卻一直等不到袁世凱的命令，後來袁世凱乾脆將馮國璋調回去。此時袁世凱有了不同的算計，這項算計一部分出於他的心機，另一部分來自他背後的外國勢力。

新的算計是要讓清廷和革命黨敵對，哪一方都得不到優勢勝利，如此袁世凱可以占住居中協調的最有利位置。他可以取得雙方的信任與授權，一躍而為全中國最有影響力的人，這比得到日落西山的清朝皇權更有道理。

這項盤算重點要看革命黨勢力能成長到什麼程度，於是他放鬆對湖北的軍事壓力，很快地上海獨立，接著又有南京獨立。東南中國的主要命脈這時候陸續離開清廷的控制範圍，袁世凱要的雙方均勢已大致形成。

當清廷不得不將未來都賭在袁世凱身上時，他又轉而向清廷逼宮，最後促成了皇帝遜位，清朝徹底結束。袁世凱的構想也從要爭奪部分皇權，轉為解消清朝皇權。

10 南北議和與動員逼宮，帝國體制終結

一九一一年十一月底，開啟「南北議和」。袁世凱代表北方的清廷，積極呼籲南方的軍政府議和談判，因為他想好了自己的條件。他願意處理讓清帝退位，成立共和政府，但條件是他要當新的共和政府的總統。

南方有人相信、也有人不信袁世凱，不過整體來說，袁世凱提的條件具有相當吸引力。革命的目標不就是要推翻滿清嗎？信任袁世凱，不必拖延、不必再打仗，就能達成這個大家追求的目標，不好嗎？

袁世凱沒有把握能讓革命黨同意、支持他當總統，不過另外一邊，他卻有把握能夠逼清帝退位。這時候的清廷真的只剩下空架子，軍事權、財政權都掌握不了，憑什麼抗拒袁世凱，遑論對付袁世凱。而為了保留革命勢力施予清廷的壓力，袁世凱也不願意雙方繼續作戰，哪一方實力損傷了，對他都沒有好處。

於是他一面在隆裕太后和載灃那邊扮演孤臣孽子，另一面發動當時的駐荷蘭大使陸徵祥去集結六位清朝派駐在外的大臣，挾洋以自重，由他們上奏、通電向清廷施壓。這是清楚表示外國政府現在也不站在清廷這方了。

同時他調回馮國璋，停止進攻武昌行動之後，又派段祺瑞率領他自己的北洋軍勢力，由段祺瑞上奏，表示軍中極為不穩，內部有強烈反對清廷的聲浪，如果清廷繼續高姿態拒絕和南方議和，可就不知道會發生什麼事了。隱含的威脅是軍隊可能失控倒戈。

載灃原本個性便優柔寡斷，隆裕太后對外界也所知有限，加在一起不足以拿定決策的主意。就在此時，又發生了一件震撼清朝皇室的事。

原來「京津同盟會」的會員採取了暗殺行動，特別針對他們認為拒絕和革命黨議和的清廷強硬分子。他們的目標有袁世凱、良弼和載灃。載灃是攝政王，袁世凱是因為必須在太后面前表現得忠肝義膽、一切都為清廷著想。那良弼呢？良弼是在種族主義高漲環境下冒出頭的滿族激進派，「君主立憲維持會」的領袖。他主張乾脆排除所有漢人，滿人自己組一個政權，保衛自身的權利。

幾天內，袁世凱坐的馬車炸了開來，袁世凱僥倖逃過，而良弼就沒有那麼幸運，被暗殺致死。發生這樣的大事，徹底震撼了所有的滿洲人。沒有人會再懷疑袁世凱的立場，等於是革命黨用行動證明了袁世凱是堅決站在清廷這邊的，才會必除之而後快。

另外，清廷也不敢再表現出強硬反對和談的態度，因為誰也不願意成為下一個良弼。連良弼都無法自保，革命黨採用的手段如此激烈，嚇壞了隆裕太后，她不得不思考萬一局勢更加困難時，她和宣統皇帝會得到什麼樣的待遇。

最後由隆裕太后決定，既然要談判，也就必須連遜位都能談了。另一邊南方政府在多方角力擺不平的情況下，迎回了資格最老、名聲最響亮的革命人士孫中山擔任臨時大總統，武昌起義的代表人物黎元洪則當了副總統。孫中山的職位不只是臨時的，而且是形式功能的。孫中山很快也識時務地同意安排，如果袁世凱真的能促成清帝退位，解決當前分裂的亂局，就將大總統的位子讓給袁世凱。

到了一九一二年二月，清帝溥儀正式遜位，中國沒有了皇帝，終結了兩千多年的帝國體制，換上了來自西方的共和國制度，自此之後就進入現代民國史。

11 民國史最大主題：帝制瓦解後的努力摸索

中國帝制結束得一點也不冤枉，現實狀況下帝制幾乎完全失能，解決不了任何問題。

從一八四〇年之後的七十年，中國社會受到多方的衝擊，快速改變到時間意識都來不及調整了。變化的速度持續加快，到了民國時期，最重要的一種集體意識是人們活在持續的驚異狀態下，隨時都在迷惑探索：為什麼會發生這樣的事？為什麼我們的國家會如此？乃至：國家到底是什麼？怎樣才是正常的社會與國家？又如何能形成正常的國家與社會呢？

內外的變化因素使得整體彈性甚低的帝制無法維持，帝制非結束不可成為巨大的呼聲與共識。但相對地，帝制之後應該代之以什麼，在帝制土崩瓦解的時候並沒有清楚的答案。因而由此展開了另外一長段摸索答案的過程。民國史最大的主題就是這份摸索的努力，以及不斷的挫折與調整。

民國史很難說得清楚、講得明確，因為長期沒有形成一個穩定的社會共識，從不同的摸索路線上看，會看到不同的現象，也必然產生不同的評價。但民國史最迷人之處也正在於此——層出不窮的自我懷疑、自我猜測、自我建構。面對這樣的歷史，需要有和傳統中國歷史完全不同的研究與統納工夫，更需要完全不同的敘述與鋪陳的策略及本事。

這也就是我對中國通史的整理講述，以帝制終結畫下句點的根本道理。

國家圖書館出版品預行編目（CIP）資料

不一樣的中國史. 13：從變法到革命，顛覆帝制的時代-晚清 / 楊照作. -- 初版. -- 臺北市：遠流, 2021.10
面； 公分.
ISBN 978-957-32-9296-8(平裝)

1.中國史

610 110015150

不一樣的中國史 ⑬

從變法到革命，顛覆帝制的時代——晚清

作者 / 楊照

副總編輯 / 鄭祥琳
編輯協力 / 陳懿文
封面、內頁設計 / 謝佳穎
排版 / 連紫吟、曹任華
行銷企劃 / 舒意雯
出版一部總編輯暨總監 / 王明雪

發行人 / 王榮文
出版發行 / 遠流出版事業股份有限公司
地址 / 104005 臺北市中山北路一段11號13樓
電話 / (02)2571-0297 傳眞 / (02)2571-0197 郵撥 / 0189456-1
著作權顧問 / 蕭雄淋律師

2021年10月1日 初版一刷
定價 / 新臺幣380元 (缺頁或破損的書，請寄回更換)

ISBN 978-957-32-9296-8

遠流博識網
http://www.ylib.com
E-mail: ylib@ylib.com
遠流粉絲團 https://www.facebook.com/ylibfans